ADILSON PEDRO

EMPREENDÁRIA

A Nova Era Da Liderança, Gestão e Contabilidade

ADILSON PEDRO

EMPREENDÁRIA

A Nova Era Da Liderança, Gestão E Contabilidade

1º EDIÇÃO, 2026

TITULO: Empreendária

SUBTITULO: A Nova Era Da Liderança, Gestão E Contabilidade

ELABORAÇÃO E REVISÃO EDITORIAL: Elias Dikizeko

EXECUÇÃO GRÁFICA: Editora Afrocanista

EXECUÇÃO DA CAPA: Elias Dikizeko

ISBN: 978-989-36702-3-1

DEPÓSITO LEGAL: 01708

EMAIL: ajpadilson@hotmail.com

SITES: adilsonpedro.ao | adiadip.ao

EDITORA AFROCANISTA

INDICE

DEDICATÓRIA

Dedico esta obra a todos os empreendedores que decidiram não se render à instabilidade.

Aos que enfrentam crises com coragem, que transformam escassez em criatividade,que assumem riscos com responsabilidadee que acreditam que liderar é servir, construir e regenerar.

Dedico aos gestores que compreenderam que números não são apenas cálculos, mas decisões que impactamvidas.

Aos contabilistas que perceberam que a contabilidade não é apenas registo, mas consciência estratégica.

Aos líderes que entenderam que autoridade sem ética é fragilidade disfarçada.

Dedico às micros, pequenas e médias empresas que sustentam economias, geram empregos e mantêm viva a esperança colectiva.

Aos que constroem negócios não apenas para lucrar, mas para deixar legado.

E,sobretudo,dedico a si, leitor, que escolheu evoluir em vez de apenas sobreviver,que decidiu aprender para agir, e agir para transformar.

Que a **Empreendária** seja mais do que um livro nas suas mãos,que seja um instrumento de visão, estratégia e acção.

Que seja o início de uma nova era na sua liderança, na sua gestão e na sua forma de ver os números.

Porque empresas passam.
Modelos mudam.
Mercados oscilam.

Mas a mentalidade empreendária permanece.

AGRADECIMENTOS

Escrever a Empreendária foi uma jornada de aprendizagem, descoberta e inspiração.

Agradeço a todos os empreendedor gestores,contabilistas e líderes que desafiaram o status quo e partilharam as suas histórias e experiências.

Agradecimentos especial às empresas que permitiram que os casos reais deste livro fossem analisados, e aos mentores e pensadores que iluminaram o caminho da liderançaconsciente, gestão adaptativa e contabilidade estratégica.

Por último, obrigado a você, leitor, que decidiu investir o seu tempo nesta obra.

Sem a sua coragem de aprender e aplicar, nenhuma teoria se transforma em mudança real.

PREFÁCIO

Vivemos numa era onde o mundo empresarial mudou para sempre. A instabilidade económica, a pressão fiscal elevada, as transformações tecnológicas exponenciais e a nova consciência social exigem uma forma totalmente nova de pensar e actuar.

A Empreendária nasceu para responder a estes desafios. Mais do que liderar, gerir ou contabilizar, trata-se de integrar todas estas dimensões num modelo único, capaz de gerar valor sustentável, impacto social e sucesso financeiro.

Neste livro encontrará:

- A Tríade Empreendária: Liderança Visionária, Gestão Adaptativa e Contabilidade Consciente.
- Ferramentas práticas para tomar decisões inteligentes, rápidas e alinhadas com propósito.
- Conceitos inovadores como a Tripla Inteligência Operacional, Ciclos de Prototipagem de Valor e Contabilidade Expansiva.
- Casos reais de empresas que transformaram crises em oportunidades estratégicas.

Esta obra não é apenas um guia: é um livro de acção, pensado para qualquer pessoa que queira criar, sustentar e transformar negócios com ética, estratégia e impacto regenerativo.

Prepare-se para pensar para além da crise, agir com inteligência e liderar com propósito. A nova era empresarial começa aqui.

Capitulo 1 - Empreendária – A nova era da Liderança, Gestão e Contabilidade

Empreendária – A nova era da Liderança, Gestão e Contabilidade

Empreendária: Fundamentos da Nova Era

1. O que é Empreendária?

Empreendária é um modelo integrado de gestão empresarial que redefine a forma de criar, organizar e sustentar negócios num ambiente caracterizado por incerteza económica, elevada pressão fiscal, limitação de recursos e constantes transformações sociais e tecnológicas.

Mais do que empreender ou administrar empresas, a Empreendária consolida uma mentalidade estratégica que articula o espírito empreendedor com a gestão financeira, a contabilidade e a fiscalidade, reconhecendo que a sustentabilidade empresarial depende simultaneamente da inovação, do controlo financeiro, do cumprimento legal e da tomada de decisões baseadas em informação económica consistente.

Enquanto filosofia e prática de liderança, a Empreendária posiciona o empreendedor e o empresário perante desafios financeiros, fiscais, operacionais, humanos e emocionais, propondo um modelo de gestão consciente, adaptável e orientado para resultados.

Este conceito responde às dificuldades vividas no quotidiano empresarial, como a carga fiscal elevada, a informalidade, o acesso limitado ao financiamento, a complexidade das normas contabilísticas e a instabilidade do mercado, promovendo soluções integradas que asseguram crescimento económico sustentável, equilíbrio financeiro, responsabilidade fiscal e impacto socioeconómico positivo.

Empreendária não é apenas um novo termo. É uma revolução de pensamento e prática no universo empresarial. Mais do que uma filosofia de gestão ou uma teoria de liderança, **Empreendária** é uma plataforma integrada de actuação empresarial, criada para responder aos desafios profundos do século **XXI:** instabilidade de mercados, mudanças aceleradas, esgotamento de modelos tradicionais e a necessidade urgente de reinvenção estrutural nas organizações.

Empreendária é um neologismo técnico-conceptual formado pela fusão semântica e funcional dos termos empreender, empreendedorismo e empresariado, acrescido do sufixo –ária, que na língua portuguesa indica campo de actuação, sistema organizado, prática estruturada ou ciência aplicada.

Diferentemente de um simples termo descritivo, Empreendária nasce como uma palavra-conceito, criada para nomear um domínio integrado de conhecimento e prática que ultrapassa os limites tradicionais do empreendedorismo e da gestão empresarial.

Do ponto de vista morfológico, a palavra deriva da raiz empreend-, associada à iniciativa, acção e criação de valor, combinada com a terminação –ária, que confere carácter técnico, institucional e sistémico ao conceito.

Assim, Empreendária não se limita ao acto de empreender, mas representa um corpo estruturado de princípios, métodos e instrumentos aplicáveis à liderança, à gestão financeira, à contabilidade, à fiscalidade e à tomada de decisões estratégicas no contexto empresarial moderno.

Capitulo 2 - Sentido objectivo e origem da Empreendária

Sentido objectivo e origem da Empreendária

A origem objectiva da Empreendária reside na necessidade real de responder aos problemas estruturais enfrentados por empresas e empreendedores, especialmente em economias emergentes: **desorganização financeira, fraca literacia contabilística, incumprimento fiscal, decisões intuitivas sem base técnica, elevada mortalidade empresarial e ausência de modelos de gestão adaptados à complexidade do mercado actual.**

A Empreendária surge, assim, como uma resposta conceptual e prática à fragmentação entre empreender, gerir, contabilizar e cumprir obrigações fiscais.

Para a vida das empresas e para além delas a Empreendária assume um papel transformador, ao promover uma liderança empreendedora consciente, tecnicamente preparada e socialmente responsável.

O seu verdadeiro sentido é integrar criação de valor económico, sustentabilidade financeira, responsabilidade fiscal e impacto social, aplicando-se não apenas às empresas, mas também a cooperativas, organizações sociais, instituições públicas e iniciativas individuais.

A Empreendária redefine o sucesso como resultado de equilíbrio entre crescimento, legalidade, organização financeira e contribuição efectiva para o desenvolvimento económico e social.

Trata-se de um conceito que representa a nova mentalidade necessária para conduzir negócios: mais humana, estratégica, adaptável e consciente.

Empreendária: é a filosofia, prática e ciência da liderança empreendedora aplicada à gestão empresarial, que integra visão inovadora, governança estratégica, contabilidade inteligente e responsabilidade socioeconômica.

Ela representa o nascimento de um novo tipo de liderança: capaz de criar, sustentar e transformar negócios em ambientes de alta complexidade e incerteza.

"Além da teoria, uma engenharia da acção".

A maioria das abordagens actuais separa os conceitos de empreendedorismo, gestão, liderança e contabilidade, tratando-os como disciplinas distintas.

A Empreendária: rompe essa lógica fragmentada ao fundir essas áreas numa plataforma unificada, multidimensional e funcional.

É uma engenharia de pensamento e acção que:

- ❖ Pensa como empreendedor,
- ❖ Decide como gestor,
- ❖ Age como líder, e
- ❖ Controla como contabilista.

Ao contrário dos sistemas tradicionais que privilegiam a estabilidade, a **Empreendária** nasceu para o caos ela cresce no imprevisível, prospera no incerto e lidera no desconhecido.

Conceitos inéditos da Empreendária

- ❖ Tripla Inteligência Operacional
- ❖ A Empreendária baseia-se numa tríade funcional:
- ✓ **Visão Empresária (estratégica)**: Enxerga o negócio como organismo vivo, capaz de evoluir em cenários não-lineares.
- ✓ **Execução Empreendedora (tática)**: Age com agilidade, inovação e audácia sem comprometer a estrutura.
- ✓ **Controle Contábilistico Dinâmico (operacional)**: Cria modelos de governança financeira em tempo real, com capacidade adaptativa.
- ✓ **Ciclos de Prototipagem de Valor**
- ✓ Enquanto modelos tradicionais focam em produtos, a Empreendária prototipa .

- ✓ **valor**: ideias, experiências, processos e relações são testados continuamente em ciclos curtos. O objetivo não é apenas vender mais, mas gerar valor sustentável e percebido por todos os **stakeholders**.

Características centrais da Empreendária:

1. **Mentalidade de construção contínua**: O empreendedor Empreendário não apenas inicia negócios, mas os conduz com visão de longo prazo, cultura de aprendizado constante e foco em impacto.

2. **Integração entre fazer e pensar**: Une a ação prática (empreender) com a reflexão estratégica (gerir), equilibrando inovação com controle.

3. **Liderança humanizada e consciente**: O Empreendário lidera com empatia, propósito e inteligência emocional, promovendo culturas organizacionais saudáveis e sustentáveis.

4. **Contabilidade como linguagem da estratégia**: A contabilidade deixa de ser meramente fiscal e passa a ser um instrumento de leitura do negócio, tomada de decisão e geração de valor.

5. **Gestão antifrágil e adaptativa**: Empresas Empreendárias são desenhadas para aprender com o caos, transformar crises em oportunidades e se fortalecerem diante da instabilidade.

6. **Foco em legado e transformação social**: O objectivo não é apenas o lucro, mas a criação de valor duradouro para todas as partes interessadas.

Contabilidade Expansiva

A contabilidade tradicional mede lucros e perdas. A **Empreendária** propõe uma contabilidade de impacto: Mede influência, valor percebido, reputação, inteligência organizacional e capacidade de adaptação. É o novo **DNA do desempenho empresarial**.

Liderança Integrativa e Activa

Substitui a autoridade vertical por liderança fluida, baseada em propósito, conexão e entrega de valor. Cada colaborador é visto como um nó estratégico no ecossistema da empresa. A liderança é distribuída, porém focada, com capacidade de decisão em tempo real.

Conceitos sob outras perspectivas (segundo autores consagrados)

Embora a **Empreendária** traga um corpo conceitual próprio e inédito, ela dialoga e se expande a partir de fundamentos lançados por grandes pensadores:

Peter Drucker: ensinava que "a melhor maneira de prever o futuro é criá-lo". A Empreendária responde com ações estruturantes, não apenas ideias.

Clayton Christensen: com sua Teoria da Inovação Disruptiva, inspira a lógica de reinvenção contínua. A Empreendária vai além: ela interna a disrupção como rotina.

Mintzberg: ao defender a gestão como prática, reforça a visão da Empreendária como sistema vivo, que não apenas pensa, mas age estrategicamente no chão da empresa

Por que apostar na Empreendária?

Porque os modelos actuais já não bastam. O empreendedor e o gestor moderno vivem uma era de paradoxos simultâneos:

- **Precisam crescer, mas com menos recursos;**
- **Precisam inovar, mas sem risco incontrolável;**
- **Precisam liderar, mas sem centralizar;**
- **Precisam entregar valor, mas em ambientes voláteis.**

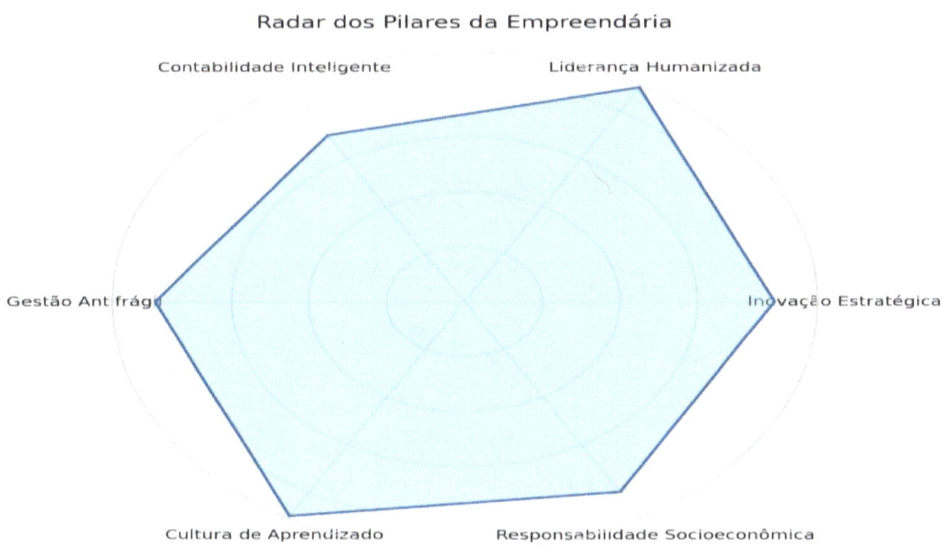

A Empreendária: é a ponte entre o ideal e o possível, entre a visão de futuro e a execução presente. É o modelo que transforma empresas em organismos antifrágeis, que não apenas resistem às crises, mas crescem a partir delas.

Empreendária: não é um modismo. É o início de uma nova era. É uma metodologia, uma mentalidade e uma proposta concreta para refundar a empresa contemporânea, tornando-a:

- **Mais humana,**
- **Mais adaptativa,**
- **Mais lucrativa,**
- **Mais inteligente**.

Empreendária é uma ciência moderna de gestão e liderança económica dedicada ao estudo, desenvolvimento e aplicação integrada dos processos de criação, organização, sustentabilidade e transformação de empreendimentos em contextos de elevada complexidade e incerteza.

Enquanto ciência, a Empreendária investiga de forma sistemática a interacção entre empreendedorismo, gestão financeira, contabilidade, fiscalidade, governança estratégica e comportamento humano, produzindo conhecimento aplicado que orienta decisões empresariais racionais, sustentáveis e socialmente responsáveis.

Orientada para o futuro, a Empreendária distingue-se por articular métodos analíticos, instrumentos contabilístico-financeiros, inteligência fiscal e inovação estratégica, com foco na adaptação contínua das organizações às mudanças económicas, tecnológicas e sociais.

O seu objectivo científico é formular modelos, princípios e práticas capazes de reduzir o risco empresarial, aumentar a longevidade das empresas e promover impacto socioeconómico positivo, posicionando o empreendedor e o empresário como agentes conscientes de desenvolvimento, capazes de gerar valor económico com estabilidade financeira, legalidade fiscal e responsabilidade social num mercado global em constante transformação.

Os Pilares da Empreendária são:

1. **Inovação Estratégica:** é a capacidade de alinhar inovação com a visão e o propósito do negócio.
2. **Liderança Humanizada:** é o estilo de liderança com foco em empatia, propósito e desenvolvimento humano.
3. **Contabilidade Inteligente:** é o uso estratégico da contabilidade como ferramenta de decisão e leitura do negócio.
4. **Gestão Antifrágil:** é a estrutura organizacional preparada para se fortalecer diante de adversidades.
5. **Cultura de Aprendizado**: é o ambiente que valoriza o erro como aprendizagem e promove evolução contínua.
6. **Responsabilidade Socioeconômica:** é o compromisso com o impacto social e ambiental além do lucro.

Capitulo 3 - Mentalidade Empreendária: Pensar para Além da Crise

Mentalidade Empreendária - Pensar para Além da Crise

Mentalidade Empreendária: é a forma de pensar e agir pautada na visão de futuro, antifragilidade, inteligência estratégica e responsabilidade evolutiva. É a capacidade de transcender a gestão reativa, conectando inovação, consciência e ação para criar valor mesmo diante da instabilidade.

Ela é mais do que uma atitude empreendedora tradicional: é uma **arquitetura mental estratégica**, construída para navegar com sabedoria por realidades complexas, e moldar o futuro com coragem e lucidez.

Pensar para Além da Crise: Pensar para além da crise é a habilidade de enxergar o invisível quando tudo parece incerto. É construir pontes onde há abismos, sem negar a dor, mas transformando-a em decisão, direcção e desenvolvimento.

É a arte de imaginar, planejar e agir como se o amanhã já estivesse sendo moldado hoje – com maturidade emocional, clareza de propósito e inteligência adaptativa.

Na Empreendária, "**crise**" não é sinónimo de ruína, mas de reinício, depuração e reinvenção. Ela é interpretada como um **estado liminar**: o ponto entre o que fomos e o que podemos ser. E, portanto, um território fértil para a liderança verdadeira emergir.

Pilares da Mentalidade Empreendária:

Pilar	Descrição
Consciência Sistêmica	Capacidade de compreender os impactos e inter-relações do negócio com o ambiente econômico, social, ecológico e cultural.
Visão Prospectiva	Olhar além do imediato, imaginando futuros possíveis, prováveis e preferíveis. Estratégia baseada em cenários, não em certezas.
Antifragilidade	Crescer com o caos. Utilizar a incerteza como alavanca de transformação e aprendizado.
Coragem Decisiva	Agir mesmo diante da incerteza, equilibrando intuição, dados e valores.
Criatividade com Responsabilidade	Inovar com ética, propósito e impacto positivo. Responsabilidade como motor da liberdade criativa.
Resiliência com Propósito	Não apenas resistir, mas resistir com sentido. Persistir com direção, mesmo quando tudo parece desmoronar.

💡 Perguntas-Chave para a Mentalidade Empreendária:

1. O que esta crise está me ensinando que o sucesso não ensinaria?
2. Como posso usar esse momento para repensar o modelo de negócio, a cultura e a proposta de valor da empresa?
3. Estamos adaptando apenas para sobreviver ou evoluindo para liderar?
4. Como integrar inovação e humanidade neste contexto?
5. Que tipo de legado quero deixar como líder diante da adversidade?

🔄 Do Pensamento Reativo ao Pensamento Regenerativo

Modelo Tradicional:	Mentalidade Empreendária:
Defender-se da crise	Aproveitar a crise como oportunidade evolutiva
Foco no curto prazo	Foco no longo ciclo do valor
Cortes,medo e retração	Redesenho, inteligência e reposicionamento
Sobrevivência	Regeneração com propósito
Visão fechada no problema	Imaginação aberta para soluções interconectadas

A Mentalidade Empreendária não é uma fórmula, mas um **modo de existência organizacional**. Ela se manifesta nas perguntas que fazemos, nas decisões que tomamos e nos valores que sustentamos principalmente.quando tudo ao redor,parece,ruir.

Pensar para além da crise: é um chamado para reconstruir não só a empresa, mas o próprio sentido de empreender.

Capitulo 4 - Renascença no Caos – A Jornada de Clara Ribeiro

Renascença no Caos – A Jornada de Clara Ribeiro

Clara Ribeiro era fundadora da startup **Bionera**, uma empresa de tecnologia voltada à sustentabilidade em cadeia de suprimentos. Em março de 2020, com a chegada da pandemia, 80% dos seus contratos foram suspensos. Investidores recuaram. Colaboradores entraram em pânico. Ela, por um instante, também.

Mas Clara decidiu aplicar uma nova abordagem que estudava havia meses: a **Mentalidade Empreendária**.

Ela reuniu sua equipe virtualmente. Disse:

"**Estamos em uma travessia. Não é hora de recuar, mas de redesenhar**."

Implementou três acções imediatas:

1. **Leitura do Contexto com Consciência Sistêmica**:Mapeou com a equipe os impactos sociais e ambientais da crise nos clientes e parceiros. Reposicionou a empresa como aliada de resiliência para seus stakeholders.

2. **Inovação com Propósito**: Converteu sua tecnologia para monitoramento de risco em cadeias de suprimentos em uma ferramenta gratuita para pequenos produtores durante a crise.

3. **Comunicação Regenerativa**: Clara usou seus canais para divulgar histórias de clientes superando desafios. Transformou sua marca em símbolo de apoio e empatia.

Seis meses depois, **Bionera** firmou contrato com duas grandes redes de alimentos sustentáveis e foi convidada para um programa de aceleração internacional.

Clara não salvou só a empresa. Salvou o propósito.
E, com ele, uma nova maneira de fazer negócios floresceu.

Capitulo 5 - Estudo de Caso Prático: MetalPlus – Da Sobrevivência à Liderança Regenerativa

Estudo de Caso Prático: MetalPlus – Da Sobrevivência à Liderança Regenerativa

Contexto:
Empresa de médio porte no sector metalúrgico, com 120 funcionários. Durante a crise de insumos e energia, a produção caiu 45%, e os pedidos de exportação foram suspensos.

Desafios enfrentados:

- Alta dependência de fornecedores internacionais.
- Equipe emocionalmente desgastada.
- Liderança com postura reactiva.

Aplicação da Mentalidade Empreendária:

Pilar	Acção Aplicada
Consciência Sistêmica	Mapeamento de fornecedores locais com menor impacto ambiental.
Visão Prospectiva	Criação de novos produtos voltados ao mercado nacional emergente.
Antifragilidade	Treinamento da equipe para multicompetência e gestão ágil.
Coragem Decisiva	Decisão de pausar exportações e investir em inovação interna.
Criatividade com Responsabilidade	Parcerias com startups locais para cocriar soluções energéticas alternativas.
Resiliência com Propósito	Implantação de um comitê de saúde emocional com apoio psicológico semanal.

Resultados:

- Recuperação de 65% da produtividade em 3 meses.
- Reconhecimento por práticas sustentáveis em premiação regional.
- Reengajamento da equipe e aumento de 28% na retenção de talentos.

Como fazer a Mentalidade Empreendária na prática

1. Diagnóstico do contexto com consciência sistêmica

O que fazer:

- Mapeie todos os factores que afectam seu negócio: sociais, ambientais, económicos, políticos e culturais.
- Analise sua cadeia de valor completa: quem é afectado pelas suas decisões?
- Pergunte: "O que está acontecendo no sistema que eu ainda não estou vendo?"

🛠 Ferramentas práticas:

- Análise PESTEL expandida (incluindo ética e ecologia)
- Mapa de stakeholders com empatia
- Matriz de impacto e interdependência

2. Criar futuros com visão Prospectiva

🔭 O que fazer:

- Trabalhe com **cenários futuros** (optimista, realista e crítico).
- Estimule sua equipe a imaginar o "negócio daqui a 5 anos num mundo em crise ou abundância".

- ❖ Use a imaginação como ferramenta estratégica.

🛠Ferramentas práticas:

- Oficina de Foresight (Futurismo Estratégico)
- Canvas de Futuros Preferíveis
- Mapas de tendências e impactos cruzados

3. Transformar Crise em Potência com Antifragilidade

O que fazer:

- ❖ Em vez de evitar a incerteza, crie modelos que se adaptem com ela.
- ❖ Diversifique receitas, fornecedores, talentos e canais.
- ❖ Aprenda com falhas rapidamente.

🛠 Ferramentas práticas:

- ❖ Plano de contingência antifrágil (baseado em opções, não em certezas)
- ❖ Estratégias de testes rápidos e prototipagem
- ❖ "Diário da Crise": registrar aprendizados semanais

4. Tomar Decisões com Coragem e Clareza

O que fazer:

- ❖ Enfrente os fatos, mesmo os desconfortáveis.
- ❖ Comunique decisões difíceis com transparência e empatia.
- ❖ Alinhe decisões à visão, e não só ao medo ou pressão.

🛠 Ferramentas práticas:

- ❖ Reuniões de alinhamento éptico (ética + estratégia)
- ❖ Círculos de decisão com escuta activa
- ❖ Matriz de decisão com propósito

5. Inovar com Responsabilidade e Propósito

O que fazer:

- ❖ Conecte inovação a valores humanos, sociais e ambientais.
- ❖ Valide ideias com quem será impactado por elas.
- ❖ Estimule um ambiente onde errar faz parte de criar.

🛠Ferramentas práticas:

- ❖ Design Thinking + Impacto Socioambiental
- ❖ Cocriação com comunidades ou usuários

- Métricas de inovação responsável

6. Cultivar Resiliência com Propósito

O que fazer:

- Crie um ambiente onde a equipe se sinta segura para errar, expressar e propor.
- Dê sentido ao trabalho diário, mesmo nos momentos difíceis.
- Valorize conquistas invisíveis (aprendizados, melhorias internas, resiliência).

🛠 Ferramentas práticas:

- Check-ins emocionais nas reuniões
- Reconhecimento por superações e contribuições não visíveis
- Rituais de cultura (mensal do propósito, mural de conquistas, cartas ao futuro)

Dica Final: A Mentalidade Empreendária é colectiva

Você pode começar com sua actitude, mas para gerar transformação real, é necessário envolver:

- **Equipes** (comunicação, participação e aprendizado)
- **Clientes** (empatia, propósito e colaboração)

- **Fornecedores e parceiros** (códigos de conduta e visão comum)
- **Comunidade e planeta** (impacto ampliado e regeneração)

Capitulo 6 - A Tríade Empreendária: Liderança, Gestão e Contabilidade Integradas

A Tríade Empreendária: Liderança, Gestão e Contabilidade Integradas

A **Tríade Empreendária** é a integração inteligente, fluida e estratégica entre **liderança visionária, gestão adaptativa e contabilidade consciente**. Juntas, essas três esferas formam o sistema nervoso de organizações preparadas para inovar, resistir e regenerar em ambientes complexos e incertos.

É o fim do modelo silo. A era da empresa fragmentada chegou ao limite. A nova empresa precisa funcionar como um **organismo vivo**, onde pensar (liderar), coordenar (gerir) e medir (contabilizar) estejam sincronizados, em tempo real, com visão de propósito.

▲ A Tríade Empreendária: Os Três Eixos

1. Liderança Visionária

Inspira, guia e conecta o presente ao futuro com senso de propósito, valores vivos e consciência coletiva.

Funções práticas:

- Criar e manter a cultura organizacional viva
- Tomar decisões orientadas por ética e impacto
- Inspirar e alinhar pessoas a uma visão que transcende o lucro

Competências-chave:

- Inteligência emocional
- Comunicação empática
- Pensamento sistêmico e imaginação estratégica

2. Gestão Adaptativa

Transforma a visão em ação coordenada, com foco em agilidade, resultados e melhoria contínua.

Funções práticas:

- Planejamento iterativo e flexível
- Gestão de pessoas, projetos e processos com agilidade
- Integração de dados para tomada de decisão rápida e alinhada

Competências-chave:

- Planejamento dinâmico
- Feedback em tempo real
- Cultura de aprendizado e colaboração

3. Contabilidade Consciente

Vai além dos números: revela, traduz e orienta as decisões com base em valor real, sustentabilidade e transparência.

Funções práticas:

- Monitorar, analisar e traduzir indicadores em linguagem acessível

- Medir impactos financeiros, sociais e ambientais (contabilidade 3D)
- Ser aliada estratégica da liderança e da gestão, e não apenas fiscal

Competências-chave:

- Visão analítica integrada
- Governança e responsabilidade
- Contabilidade ambiental e ESG

⚜ Como Funciona na Prática? Uma Empresa com Tríade Empreendária:

Situação:	Empresa Tradicional:	Empresa Empreendária:
Crise financeira	Contador corta, gestor reclama, líder motiva	Todos analisam juntos e redesenham o negócio
Lançamento de produto	Marketing decide sozinho	Liderança define visão, gestão executa, contabilidade mede riscos
Reorganização interna	RH impõe mudanças	Equipe co-cria com dados, direção e suporte emocional
Crescimento acelerado	Desorganização e apagões	Planejamento escalável com visão integrada e fluxos claros

Diagrama: Tríade Empreendária Integrada

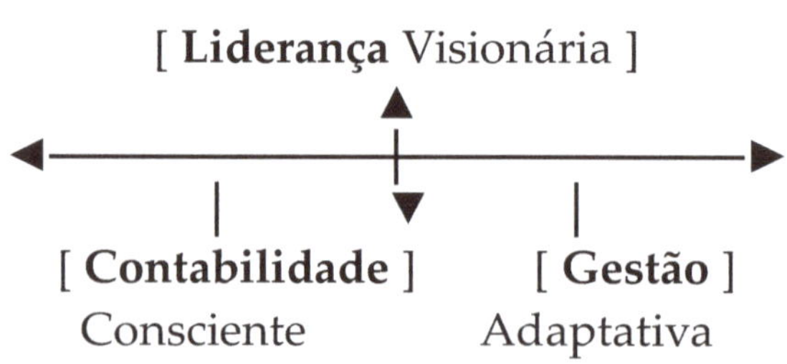

A seta bidirecional representa o **diálogo contínuo** entre os três pilares.

Nada é imposto: tudo é construído com **inteligência relacional, dados e cultura**.

Exemplo Prático: A Natura e a Tríade Integrada

- **Liderança:** clara sobre seu propósito de bem-estar e sustentabilidade desde a origem.
- **Gestão:** estrutura ágil, com equipes autônomas e foco em inovação colaborativa.
- **Contabilidade:** integra indicadores socioambientais ao seu modelo contábilistico (ex: carbono neutro, impacto positivo).

Esse é um modelo vivo de empresa com a Tríade Empreendária actuando como **orquestra consciente e estratégica**.

Aplicando na sua empresa:

1. **Reúna os três sectores** (líderes, gestores e contabilistas) para reuniões estratégicas mensais.
2. **Crie painéis de decisões integradas**: visão, acção, resultado e impacto lado a lado.
3. **Eduque sua equipe contábilistica para além da conformidade**: torná-la estratégica.
4. **Use a contabilidade como linguagem de propósito, e não apenas de obrigação.**

5. **Treine líderes para ouvir dados e equipes para pensar estrategicamente.**

A Tríade Empreendária: é o **sistema operacional do futuro das empresas**. Ela dissolve hierarquias engessadas e silos de conhecimento para dar lugar a **uma empresa que sente, pensa e age com consciência**.

Ela é o corpo, o cérebro e o coração da nova organização:
resiliente, humana, regenerativa e próspera.

Capitulo 7 - O DNA do Negócio do Futuro: Ética, Dados e Propósito

O DNA do Negócio do Futuro: Ética, Dados e Propósito

Na nova era empreendária, as empresas que desejam prosperar não podem mais operar com estruturas organizacionais obsoletas e códigos de valor genéricos.

O mundo exige outro nível de integridade, inteligência e intenção.

O que antes se chamava de "missão, visão e valores" agora precisa evoluir para algo mais profundo, mais integrado e mais adaptável: **o DNA do negócio do futuro**.

"As empresas que não operarem com consciência, inteligência e propósito serão extintas, não pela concorrência, mas pela irrelevância."

Empreendária

Esse novo DNA não é apenas um conceito bonito. É uma estrutura viva, capaz de sustentar negócios em ambientes caóticos, acelerados e hiperconectados.

Ele é composto por três hélices principais: Ética Regenerativa, Dados como Consciência e Propósito como Intenção Evolutiva.

O Verdadeiro DNA do Negócio do Futuro

O verdadeiro DNA do negócio do futuro não é estático. Ele é um sistema vivo e consciente que permite à organização evoluir sem perder sua essência.

Enquanto o DNA biológico carrega as instruções para a vida, o DNA empreendário carrega os códigos que determinam a qualidade das decisões, relações e impactos de uma organização.

Esse DNA é formado por três pares integrados de elementos:

1. Ética × Regeneração

Onde o valor não é apenas preservado é multiplicado e devolvido.

A ética empreendária é **regenerativa por natureza**.

Ela não se limita à conformidade legal, mas atua como a base moral e estratégica do negócio. Ser ético não é seguir regras; é **criar sistemas que regeneram ecossistemas sociais, ambientais e humanos**.

Aplicações práticas:

- Comités de decisão ética e integridade activa
- Protocolos de impacto socioambiental
- Avaliações de justiça sistémica e intergeracional

2. Dados × Consciência

Onde a inteligência artificial encontra a inteligência moral.No negócio do futuro, os dados não são apenas métricas são percepções vivas.

O uso ético e consciente da informação permite à organização **sentir o ambiente, antecipar crises e adaptar-se com precisão**.

Aplicações práticas:

- Governança de dados com base em transparência e consentimento
- Integração de big data, small data e thick data (dados culturais e emocionais)
- Sistemas de apoio à decisão baseados em múltiplas dimensões (financeira, humana e ecológica)

3. Propósito × Intenção Evolutiva

Onde crescer é sinônimo de contribuir.
O propósito empreendário é activo, tangível e mensurável. Ele funciona como um **campo gravitacional que alinha pessoas, decisões e culturas** em torno de uma missão maior do que o lucro.

Aplicações práticas:

- Declarações de propósito co-construídas com stakeholders
- Indicadores de impacto positivo (ambiental, humano, relacional)
- Cultura organizacional orientada por significado e legado

Fórmula do DNA Empreendário

DNA = (Ética × Regeneração) + (Dados × Consciência) + (Propósito × Intenção Evolutiva)

Este modelo não apenas representa a **identidade da organização**, mas serve como **sistema operacional integrado**, permitindo que ela pense, sinta e evolua como um organismo vivo.

Estrutura Gráfica – A Hélice Tripla do DNA Empreendário

Uma hélice tripla girando em torno de um eixo central, onde cada hélice representa um dos pares:

- **Ética ↔ Regeneração**
- **Dados ↔ Consciência**
- **Propósito ↔ Intenção Evolutiva**

Essa hélice simboliza o **movimento contínuo, adaptativo e orgânico** do negócio do futuro.

Posso gerar este infográfico em alta resolução para inclusão no seu livro, se desejar.

Estudo de Caso Técnico: Natura &Co

A holding **Natura &Co** representa um exemplo vivo da aplicação do DNA do negócio do futuro:

- **Ética:** compromissos transparentes com diversidade, inclusão, meio ambiente e direitos humanos.

- **Dados:** sistemas avançados de rastreabilidade de carbono e monitoramento socioambiental em tempo real.
- **Propósito:** "Bem estar bem" como vetor de design organizacional, inovação e relacionamento com todos os stakeholders.

O resultado? Uma marca global com lucro sustentável, reputação admirada e impacto social real.

Implementação Prática – Checklist Estratégico

Diagnóstico Ético

- Existem mecanismos internos para avaliar decisões de impacto ético?
- A empresa pratica justiça além do compliance?

Arquitectura de Dados Consciente

- Os dados são coletados, usados e protegidos de forma transparente e responsável?
- As decisões orientadas por dados consideram também o fator humano e emocional?

Propósito como Norte Vivo

- O propósito é utilizado nas decisões estratégicas, operacionais e relacionais?
- Existem métricas claras para mensurar o impacto do propósito no mundo real?

"O verdadeiro DNA do negócio do futuro é formado por empresas que pensam com ética, sentem com dados e agem com propósito".

Essas empresas não existem para competir.

Elas existem para **contribuir, regenerar e evoluir**.
Elas não apenas sobrevivem ao futuro **elas o constroem**.

Capitulo 8 - Porque os negócios tradicionais estão a morrer?

Porque os negócios tradicionais estão a morrer?

Em um cenário marcado por aceleração tecnológica, exigências éticas, transformações culturais e complexidade econômica, os **negócios tradicionais estão em colapso estrutural**. Muitos ainda operam — mas estão, na prática, **morrendo lentamente**: culturalmente, estrategicamente e até mesmo espiritualmente.

A morte empresarial não começa com o encerramento legal. Começa com a perda de relevância. — Empreendária

Este capítulo examina por que tantas empresas não conseguem sobreviver no século XXI e apresenta o novo paradigma oferecido pela **Empreendária**, capaz de regenerar o que está em ruínas.

O Colapso do Modelo Tradicional

Os negócios tradicionais foram estruturados para funcionar em tempos de estabilidade e previsibilidade.
Hoje, enfrentamos:

- **Ambientes instáveis**
- **Mercados voláteis**
- **Crises recorrentes**

- **Consumidores hiperconscientes**
- **Avanços tecnológicos exponenciais**

Diante disso, as estruturas clássicas hierárquicas, fechadas, mecanicistas **entram em colapso**.

2. Características dos Negócios em Declínio

Negócios tradicionais frequentemente operam com:

- **Foco exclusivo em lucro**
- **Contabilidade limitada à conformidade fiscal**
- **Liderança autoritária ou reativa**
- **Falta de propósito autêntico**
- **Baixa capacidade de inovação**
- **Desconexão com a sociedade e o meio ambiente**

São estruturas eficientes para um mundo que já não existe. Suas virtudes se tornaram suas vulnerabilidades.

3. Por que estão a morrer? As 6 causas sistêmicas

A filosofia **Empreendária** identifica **seis causas profundas**, interligadas e sistêmicas, que explicam o colapso dos modelos tradicionais:

1. Desalinhamento com a nova consciência global

Empresas que não incorporam valores como sustentabilidade, inclusão, diversidade e responsabilidade social **perdem legitimidade cultural**. O novo consumidor exige **coerência ética**, e o novo colaborador exige **sentido**.

2. Obsolescência tecnológica e informacional

Negócios analógicos não apenas perdem produtividade perdem **inteligência competitiva**. Sem cultura de dados, automação e inovação, tornam-se **cegos diante das transformações** e respondem tardiamente ao mercado.

3. Falta de Propósito Evolutivo

Empresas que operam apenas para "existir e faturar" **perdem conexão com seu papel no mundo**. Sem um propósito vivo, não há magnetismo, direção estratégica ou cultura de pertencimento. Tornam-se corpos sem alma.

4. Gestão Mecanicista

Modelos de gestão baseados em controle, previsibilidade e centralização **não funcionam em sistemas complexos**. Esses modelos formam líderes que apagam incêndios, mas não constroem o amanhã.

5. Contabilidade Redutiva

A contabilidade tradicional mede apenas dinheiro — não mede reputação, cultura, impacto social ou bem-estar humano. Assim, negócios podem "estar saudáveis nos números" enquanto **adoecem invisivelmente** em outras dimensões.

6. Instabilidade Fiscal e Complexidade Tributária

Mudanças constantes na legislação, insegurança jurídica, excesso de obrigações acessórias e alta carga tributária **sufocam as empresas** principalmente as pequenas e médias.

Empresas que não integram planejamento tributário à estratégia **ficam vulneráveis, reativas e sobrecarregadas**.

"Negócios não morrem só por falta de vendas. Morrem por falta de estrutura para navegar num sistema fiscal em mutação constante."
— Empreendária

4. A Resposta da Empreendária

A **Empreendária** não é uma crítica ao modelo tradicional é uma **evolução consciente**.

Propõe um novo entendimento sobre o que é, de fato, um negócio:

Negócio é uma plataforma viva de inteligência, propósito e impacto regenerativo.

Os 3 vectores-chave de sobrevivência Empreendária:

1. Consciência de Sistema

A empresa não está isolada — ela faz parte de ecossistemas humanos, digitais e ecológicos. Tudo o que faz gera ondas. E precisa assumir responsabilidade por elas.

2. Integração Estrutural

A separação entre liderança, gestão e contabilidade **é um erro técnico**. Essas três áreas devem operar em unidade estratégica (Tríade Empreendária).

3. Inovação Regenerativa

Não basta não causar dano. É preciso **regenerar valor**, gerar soluções sistêmicas e contribuir para a evolução do mercado, da sociedade e do planeta.

5. Soluções Práticas Segundo a Empreendária

Desafio Tradicional:	Solução Empreendária:
Visão restrita a lucro	Propósito como norte estratégico
Gestão autoritária e engessada	Liderança consciente e adaptativa
Contabilidade voltada apenas a obrigações legais	Contabilidade expandida e estratégica
Desconexão com o mundo e com a cultura	Empatia social e inteligência cultural
Falta de visão para navegar mudanças fiscais	Planejamento tributário sistêmico e proativo

"Os negócios tradicionais estão a morrer porque foram feitos para durar e não para evoluir".

Na era empreendária, durar não basta. É preciso **florescer mesmo em solo incerto**.

É preciso **repensar a lógica organizacional**, redesenhar a forma de liderar, de gerir e de contabilizar.

Não estamos mais falando de eficiência. Estamos falando de **significado, impacto e regeneração**.

Capitulo 9 - Liderança Evolutiva e Estratégica

Liderança Evolutiva e Estratégica

A liderança não é mais sobre o Chefe

Durante décadas, liderança foi sinônimo de autoridade. O líder era o chefe, a voz mais alta da sala, o responsável por mandar, controlar e muitas vezes afastar. Mas o mundo mudou. E o que antes era considerado força, hoje é fragilidade.

"**Liderança não é posição**. É influência, consciência e responsabilidade."- Empreendária

A **liderança empreendária** rompe com o velho modelo autoritário, reativo e egocêntrico, e propõe **um novo campo de atuação humana**, onde o líder não é o que se impõe, mas **o que inspira, escuta, conecta e transforma.**

1. O Fim do Modelo Hierárquico Tradicional

O modelo de liderança tradicional se baseava em:

- **Poder vertical** (de cima para baixo)
- **Controle centralizado**
- **Obediência como virtude organizacional**
- **Distância emocional** entre líder e equipe
- **Medo como mecanismo de produtividade**

Esse modelo pode ter funcionado na era industrial. Mas na era da **inovação, propósito e inteligência coletiva**, ele **quebra conexões, inibe talentos e acelera a morte organizacional**.

"As pessoas não deixam empresas. Elas deixam chefes."
Simon Sinek

2. A Nova Liderança na Era Empreendária

Na filosofia Empreendária, **liderança é um campo de consciência,compartilhada.**

"O verdadeiro líder não manda faz emergir o melhor que há nos outros".

Pilares da Liderança Empreendária

Pilar	Significado Prático
Serviço	O líder serve ao propósito, não ao próprio ego
Presença	Escuta activa, empatia e atenção genuína
Coerência	Alinhamento entre o que se diz, se faz e se inspira
Coragem Regenerativa	Enfrentar verdades, assumir erros, reconstruir com ética
Cocriação	Liderança distribuída, participação ativa, descentralização
Visão Sistêmica	Perceber interconexões e atuar de forma estratégica

"A tarefa da liderança é criar mais líderes, não mais seguidores." — Ralph Nader

3. Diálogos com grandes autores

Peter Drucker

"A única definição de líder é alguém que tem seguidores." Drucker inicia o processo de desmistificação do chefe-herói. Para ele, o líder é **aquele que gera confiança e direcção**, não medo nem obediência cega.

Linda Hill (Harvard Business School)

"Liderar a inovação é libertar, não controlar."

Linda Hill propõe o conceito de **liderança como catalisadora de ecossistemas criativos**. O líder não é a fonte das respostas, mas **o jardineiro que cultiva o terreno onde ideias florescem**.

Otto Scharmer (MIT / Teoria U)

"O sucesso do líder do futuro depende da capacidade de se conectar com a fonte interior."

Na Teoria U, Scharmer sugere que líderes precisam desenvolver **presença, escuta profunda e consciência expandida** para liderar em tempos de ruptura. A liderança empreendária incorpora essa visão.

Simon Sinek
"Comece pelo porquê."
O líder inspirador, segundo Sinek, **não comanda, inspira por meio de um propósito claro, humano e verdadeiro**.

4. O Líder como Campo Regenerador

A liderança empreendária transforma o líder em um **agente regenerativo**. Seu papel não é extrair resultados das pessoas é **cultivar ambientes vivos onde resultados emergem naturalmente**.

O Novo Líder:

- Assume vulnerabilidades com coragem
- Reconhece erros e aprende em público
- Cria segurança psicológica
- Promove inteligência emocional e relacional
- Pensa estrategicamente, age humanamente

⚙ 5. Aplicações Práticas da Liderança Empreendária

Situação Tradicional:	Liderança Empreendária:
Dar ordens e controlar	Convidar, ouvir, co-criar
Ter todas as respostas	Fazer as perguntas certas
Reter poder	Distribuir,poder e responsabilidade
Exigir resultados	Inspirar propósito e pertencimento
Punir erros	Aprender com os erros e evoluir junto
Separar vida pessoal e profissional	Integrar o humano ao profissional

6. Liderança Distribuída: Uma Nova Arquitetura de Poder

Na Era Empreendária, o poder não está mais no topo da pirâmide. Ele é **distribuído em redes, células, núcleos de sabedoria**.

A liderança deixa de ser **um cargo** e passa a ser **uma prática cultural**.

Qualquer pessoa, em qualquer nível da organização, pode e deve liderar um processo, um projeto ou uma transformação.

Ser líder hoje é ser jardineiro do invisível.

Plantar segurança, regar cultura, cultivar ética, colher transformação.

O tempo do chefe terminou. A liderança que irá sustentar o futuro das organizações será:

- **Regeneradora**
- **Sistêmica**
- **Participativa**
- **Evolutiva**
- **Compassiva**
- **Estratégica**

Não é mais sobre autoridade. É sobre **responsabilidade compartilhada, consciência expandida e coragem emocional.**

Capitulo 10 - Liderar com propósito e dados: A nova arquitetura decisória da Gestão Empreendária

Liderar com propósito e dados: A nova arquitetura decisória da Gestão Empreendária

Na era empreendária, liderar exige mais do que inspiração e intuição.É preciso unir dois vectores poderosos: **propósito** e **dados**. Um representa o "porquê" profundo da organização. O outro, o "como" inteligente e preciso de se mover em mercados incertos.

"Decidir com propósito é alinhar-se com o futuro.Decidir com dados é alinhar-se com a realidade."

Empreendária

O gestor do presente-futuro deve dominar duas inteligências complementares:

A **inteligência intencional (propósito estratégico)**
A **inteligência informacional (dados organizacionais)**

1. A Inversão de Paradigma: Do Controle à Inteligência

A gestão tradicional foi construída sobre o **controle operacional**. O foco estava em planilhas, metas numéricas isoladas e comando linear.

A **gestão empreendária** substitui esse modelo por um sistema **adaptativo, fluido e orientado à inteligência multidimensional**.

Da Velha Gestão → Para a Gestão Empreendária

Elemento Tradicional:	Gestão Empreendária:
Controle sobre pessoas	Geração de contexto e confiança
Processos rígidos	Processos adaptativos e responsivos
Foco no passado (relatórios)	Foco em tempo real (dados vivos)
Indicadores isolados	KPIs integrados ao propósito e impacto
Decisão hierárquica	Decisão distribuída e informada

2. O Propósito como Vector Decisório

Liderar com propósito significa transformar **a razão de existir da organização** em um **critério de decisão** e **norte estratégico**.

O propósito empreendário é:

- Integrado à cultura e aos produtos
- Refletido nas metas e modelos de remuneração
- Referência para ESG, compliance e reputação
- Traduzido em valor percebido pelo cliente e sociedade

"Quando o propósito é claro, os dados sabem o que medir." Empreendária

Como aplicar propósito na prática da gestão

Acção Estratégica:	Aplicação Empreendária:
Definir missão e visão	Traduzir em critérios de decisão
Metas e KPIs	Conectar a impactos sociais, ambientais e culturais
Planejamento estratégico	Baseado no legado que se deseja deixar
Gestão de pessoas	Atração e retenção por afinidade de valores
Comunicação interna e externa	Narrativa alinhada à missão

3. A Inteligência Decisória Baseada em Dados

Dados são **ativos estratégicos de primeira ordem**. Mas não basta coletar: é preciso **ler, interpretar, transformar e agir** sobre eles.

Na gestão empreendária, dados são:

- **Vivos:** analisados em tempo real
- **Contextualizados:** conectados ao propósito
- **Multidimensionais:** qualitativos e quantitativos

❖ **Integrados:** fontes diversas em uma visão única

Tipos de Dados Relevantes para a Liderança

Categoria:	Exemplos de Indicadores
Dados Operacionais	Custos, margem, produtividade, eficiência
Dados Humanos	Clima organizacional, turnover, engajamento
Dados de Impacto	Pegada ecológica, diversidade, impacto social
Dados de Cultura	Aderência a valores, narrativa, reputação
Dados Fiscais e Legais	Compliance, riscos tributários, passivos jurídicos

4. A Integração Propósito + Dados = Liderança Estratégica

A excelência na liderança empreendária está na capacidade de **tomar decisões baseadas em evidências**, mas **guiadas por valores não-negociáveis**.

Fórmula Estrutural da Liderança Empreendária:

Decisão de Alta Qualidade = Dados Relevantes + Leitura Estratégica + Propósito Claro

Exercício Prático

Decisão de Alta Qualidade na Liderança Empreendária
Enquadramento do Caso

A **EcoVida Alimentos, Lda.** é uma pequena e média empresa angolana do sector agro-alimentar, com seis anos de actividade, dedicada à produção e comercialização de produtos naturais, incluindo farinhas, grãos e derivados de origem local.

Propósito institucional:

"Promover uma alimentação saudável, gerar emprego local e crescer de forma ética, responsável e sustentável."

Nos últimos doze meses, a empresa passou a enfrentar **pressão financeira crescente**, o que exige da liderança uma **decisão estratégica crítica** para assegurar a continuidade, a competitividade e a coerência institucional do negócio.

A Fórmula da Liderança Empreendária

Decisão de Alta Qualidade = Dados Relevantes + Leitura Estratégica + Propósito Claro

Este exercício demonstra como a liderança deve integrar estes três elementos de forma equilibrada e consciente.

1. Dados Relevantes

A liderança inicia o processo decisório com base em **informação objectiva e mensurável**.

Dados Financeiros e Operacionais (Ano Corrente)

Indicador	Valor
Facturação anual	180.000.000 Kz
Custos operacionais totais	145.000.000 Kz
Lucro líquido anual	35.000.000 Kz
Margem líquida	19,4%
Número de trabalhadores	32
Fornecedores locais activos	18

Proposta do Fornecedor Internacional

- Redução de custos: **20%**
- Poupança anual estimada: **29.000.000 Kz**
- Novo lucro projectado: **64.000.000 Kz**
- Margem líquida projectada: **35,5%**

Leitura dos dados isolados:
Os números indicam melhoria significativa da rentabilidade, da liquidez e da competitividade de preços.

2. Leitura Estratégica

Os dados, por si só, **não tomam decisões**. Cabe à liderança interpretá-los estrategicamente.

Análise dos Impactos Associados

- Exclusão de **10 fornecedores locais**;
- Perda de **8 postos de trabalho indirectos**;
- Risco ambiental e reputacional;
- Possível enfraquecimento da marca junto de consumidores conscientes.

Questões Estratégicas-Chave

- O aumento do lucro é sustentável a médio e longo prazo?
- A redução de custos justifica os impactos sociais e reputacionais?
- O ganho financeiro imediato poderá gerar perdas estratégicas futuras?
- Existem soluções intermédias que preservem valor económico e social?

A leitura estratégica revela que a decisão puramente financeira **aumenta o risco estrutural do negócio**, apesar dos bons resultados de curto prazo.

3. Propósito Claro

O terceiro elemento da fórmula é o **propósito**, que funciona como bússola da decisão.

Avaliação da Coerência com o Propósito

- A exclusão de produtores locais contradiz a geração de emprego?

- A ausência de padrões ambientais viola o compromisso com sustentabilidade?
- O crescimento financeiro está alinhado com os valores institucionais?

O propósito não elimina os dados, mas **define os limites éticos e estratégicos da decisão**.

Aplicação da Fórmula à Decisão
Decisão de Alta Qualidade
= Dados Relevantes (rentabilidade e custos)
+ Leitura Estratégica (impactos sociais, reputacionais e de longo prazo)
+ Propósito Claro (ética, sustentabilidade e compromisso comunitário)

Decisão Estratégica Adoptada

A liderança adopta uma **estratégia híbrida**, equilibrando eficiência económica e responsabilidade social:

- Manutenção de **70% dos fornecedores locais**;
- Integração de **30% da matéria-prima do fornecedor externo**;
- Redução dos custos operacionais em **18.000.000 Kz**;
- Aumento do lucro líquido anual para **53.000.000 Kz**;
- Preservação do emprego, da reputação e da identidade institucional.

Resultados da Decisão

Indicador	Resultado
Lucro líquido anual	53.000.000 Kz
Crescimento do lucro	+51%
Fornecedores locais mantidos	13
Coerência com o propósito	Elevada
Risco reputacional	Reduzido

Questões de Reflexão

1. Que tipo de decisão seria tomada se apenas os dados financeiros fossem considerados?
2. De que forma a leitura estratégica alterou o sentido da decisão?
3. O propósito limitou o crescimento ou orientou um crescimento mais sólido?
4. Como esta fórmula pode ser aplicada noutras decisões empresariais?

Aprendizagem-Chave para o Livro Empreendária

"Uma decisão de alta qualidade não maximiza apenas o lucro".
Ela maximiza o sentido, a sustentabilidade e a coerência estratégica.
Dados mostram o caminho.
A estratégia avalia os riscos.
O propósito define o destino.

Exercício 1 – Leitura de Dados e Tomada de Decisão (Nível: Estudantes)

Objectivo

Desenvolver a capacidade de analisar dados financeiros básicos e compreender o seu impacto nas decisões empresariais.

Situação

Uma empresa de produção local apresenta os seguintes dados anuais:

Indicador	Valor
Facturação anual	120.000.000 Kz
Custos operacionais	96.000.000 Kz
Lucro líquido	24.000.000 Kz

A empresa recebe uma proposta que permite reduzir os custos em **15%**, mas implica a redução de **3 postos de trabalho**.

Tarefas

1. Calcule o novo valor dos custos operacionais.
2. Calcule o novo lucro líquido.
3. Identifique apenas com base nos dados se a decisão parece vantajosa.
4. Indique **uma limitação** de decidir apenas com números.

Exercício 2 – Leitura Estratégica do Problema (Nível: Estudantes / Líderes em formação)

Objectivo

Treinar a capacidade de interpretar os dados à luz de riscos e oportunidades estratégicas.

Situação

Considere que a redução de custos do exercício anterior pode:

- Afectar a motivação dos trabalhadores;
- Reduzir a qualidade do produto;
- Criar dependência de um único fornecedor externo.

Tarefas

1. Identifique **dois riscos estratégicos** associados à decisão.
2. Identifique **duas oportunidades estratégicas**.
3. Explique porque os dados financeiros, sozinhos, não revelam estes riscos.

Exercício 3 – Propósito como Critério de Decisão (Nível: Estudantes)

Objectivo

Compreender o papel do propósito na orientação das decisões empresariais.

Situação

O propósito da empresa é:
"Criar valor económico, respeitando as pessoas e a comunidade local."

Tarefas

1. Avalie se a decisão de reduzir postos de trabalho está alinhada com o propósito.
2. Explique como o propósito pode limitar decisões de curto prazo.
3. Dê um exemplo de decisão financeiramente boa, mas incoerente com o propósito.

Exercício 4 – Aplicação da Fórmula da Liderança Empreendária (Nível: Líderes e Gestores)

Objectivo

Aplicar a fórmula completa numa situação real de liderança.

Situação

Uma empresa apresenta os seguintes dados:

- Aumento potencial de lucro: **+40%**
- Risco reputacional: **moderado**
- Impacto social: **perda de 5 empregos indirectos**
- Propósito institucional: desenvolvimento local e crescimento sustentável

Tarefas

1. Liste os **dados relevantes** para a decisão.
2. Faça uma **leitura estratégica** dos impactos a médio prazo.
3. Avalie a coerência da decisão com o propósito.
4. Tome uma decisão final e justifique-a usando a fórmula completa.

Exercício 5 – Estratégia Híbrida e Criatividade Decisória (Nível: Líderes)

Objectivo

Estimular soluções intermédias que conciliem eficiência económica e responsabilidade social.

Situação

Uma decisão radical aumenta o lucro em 60%, mas elimina parcerias locais.
Manter o modelo actual preserva o propósito, mas limita o crescimento.

Tarefas

1. Proponha uma **estratégia híbrida**.
2. Indique o impacto financeiro estimado.
3. Indique os impactos sociais e reputacionais.
4. Explique porque a sua decisão é uma **decisão de alta qualidade**.

Exercício 6 – Reflexão Crítica Individual
(Nível: Todos)

Objectivo

Promover consciência ética e maturidade na liderança.

Questões

1. Já tomou alguma decisão baseada apenas em dados?
2. Que consequências não previstas surgiram?
3. Como teria mudado a decisão se o propósito estivesse claro?
4. Que tipo de líder pretende ser?

Síntese Pedagógica
Estudantes aprendem a calcular.
Líderes aprendem a interpretar.
Empreendedores conscientes aprendem a decidir.

A fórmula não serve para encontrar a decisão perfeita, mas para evitar decisões cegas.

🛠 5. Como Liderar com Propósito e Dados na Prática

Etapas Técnicas de Implantação:

1. **Mapeamento do Propósito Organizacional**

❖ Redefinir o "porquê" central da empresa

- Coletar percepções internas e externas
- Consolidar propósito em linguagem estratégica

2. **Estruturação de Indicadores Estratégicos (KPIs de Propósito)**

    - Criar KPIs alinhados ao impacto desejado
    - Ex.: % de fornecedores sustentáveis, NPS ético, inclusão social, etc.

3. **Governança de Dados**

- Padronização, qualidade e segurança da informação
- Uso de BI (Business Intelligence), Data Lakes, dashboards

4. **Cultura Analítica**
- Treinamento de equipes para leitura e interpretação de dados
- Incentivo à tomada de decisão baseada em dados

5. **Tomada de Decisão Consciente**

- Definir critérios: essa decisão honra nosso propósito?
- Monitorar: essa decisão gera os resultados esperados?

Estudo de Caso: Liderando com Propósito e Dados

Empresa: Verda Biotech Startup de biotecnologia regenerativa

Desafio: Escalar com impacto positivo em sustentabilidade

Solução Empreendária:

- Propósito: "Regenerar o planeta molécula por molécula"
- KPIs: Índice de CO_2 compensado, satisfação de comunidades atendidas, % de lucro reinvestido em educação ecológica
- Dados: Dashboards semanais, IA preditiva para distribuição logística e minimização de perdas

Resultado:

+82% de retenção de talentos, 4x mais leads inbound, selo internacional de responsabilidade socioambiental

"Dados te mostram o que está acontecendo.
Propósito te mostra o que deve acontecer."
- Empreendária

A liderança empreendária exige uma fusão rara e poderosa:

- ❖ Visão estratégica inspirada no propósito
- ❖ Acção técnica orientada por dados reais

O gestor que domina esses dois eixos transforma sua empresa em **uma inteligência viva**, capaz de evoluir constantemente, gerar valor ético, social e econômico.

— E liderar mercados em vez de apenas sobreviver neles.

Exercício Prático – Liderando com Propósito e Dados
Estudo de Caso

Empresa: Verda Biotech
Sector: Biotecnologia regenerativa
Desafio: Escalar operações mantendo impacto positivo em sustentabilidade ambiental e social.

Propósito:

"Regenerar o planeta molécula por molécula."

Dados Iniciais da Empresa

Indicador	Valor Actual
Facturação anual	600.000.000 Kz
Custos operacionais	420.000.000 Kz
Lucro líquido	180.000.000 Kz
Emissões de CO_2 compensadas	12.000 toneladas/ano
Comunidades atendidas	24
Taxa de retenção de talentos	68%
Percentagem do lucro reinvestido em educação ecológica	8%

Objectivo Estratégico

Escalar a empresa em **40% de volume operacional**, garantindo:

- Crescimento económico sustentável;
- Aumento do impacto ambiental positivo;
- Reforço do compromisso social;
- Alinhamento total entre dados e propósito.

KPIs de Propósito
Índice de CO_2 Compensado (ICC)
Índice de Satisfação das Comunidades (ISC)
Percentagem de Lucro Reinvestido (PLR)
Fórmulas para Apoiar a Decisão

1. Índice de CO_2 Compensado (ICC)

$$\textbf{ICC} = \frac{CO_2 \text{ compensado após expansão}}{CO_2 \text{ compensado antes da expansão}}$$

Meta mínima: ICC ≥ 1,4

2. Índice de Satisfação das Comunidades (ISC)

$$\textbf{ISC} = \frac{\sum \text{Pontuação das Comunidades}}{\text{Número de Comunidades}}$$

Escala de 0 a 10
Meta mínima: ISC ≥ 8

3. **Percentagem de Lucro Reinvestido (PLR)**

$$\textbf{PLR} = \frac{\text{Valor reinvestido em educação ecológica}}{\text{Lucro líquido}} \times 100$$

Meta mínima: PLR ≥ 12%

Cenário de Expansão Projectado

Indicador	Valor Projectado
Facturação anual	840.000.000 Kz
Custos operacionais	570.000.000 Kz
Lucro líquido	270.000.000 Kz
CO_2 compensado	17.500 toneladas
Comunidades atendidas	36
Reinvestimento em educação ecológica	40.500.000 Kz

Aplicação das Fórmulas

1. **Cálculo do ICC**

$$\boldsymbol{ICC} = \frac{17.500}{12.000} = 1{,}46 \quad (\text{Meta atingida})$$

2. **Cálculo do ISC**
   (Supondo pontuação média das comunidades = 8,6)

$$\boldsymbol{ISC} = 8{,}6 \quad (\text{Meta atingida})$$

3. **Cálculo do PLR**

$$\boldsymbol{PLR} = \frac{40.500.000}{270.000.000} \times 100 = 15\% \quad (\text{Meta superada})$$

Tomada de Decisão Consciente

Fórmula da Decisão de Alta Qualidade:

Decisão de Alta Qualidade
= Dados Relevantes + Leitura Estratégica
+ Propósito Claro

Dados Relevantes: crescimento financeiro, eficiência logística, impacto ambiental e social

Leitura Estratégica: riscos reputacionais, consolidação da marca, retenção de talentos

Propósito Claro: regeneração ambiental e compromisso social preservados

Decisão: expansão aprovada, pois todos os KPIs e critérios estratégicos e de propósito foram atendidos.

Resultados Observados
Retenção de talentos: **+82%**
Leads inbound: **4x mais**
Certificação internacional de responsabilidade socioambiental
Fortalecimento da marca e liderança no sector

Questões de Reflexão:

Qual KPI teria maior peso se houvesse conflito entre eles?
Que riscos surgiriam se apenas o lucro fosse considerado?
Como a IA contribuiu para alinhar eficiência e propósito?
Esta decisão seria diferente sem um propósito claramente definido?

Aprendizagem-Chave:

Dados mostram o que está a acontecer.
Propósito mostra o que deve acontecer.
Liderança Empreendária une ambos para decidir com consciência, impacto e visão de futuro.

Capitulo 11 - Delegar, Empoderar e Co-criar: Arquitetura da Gestão Inteligente e Participativa

Delegar, Empoderar e Co-criar: Arquitetura da Gestão Inteligente e Participativa

A **Gestão Empreendária** compreende que o verdadeiro crescimento de uma organização está diretamente ligado à sua **capacidade de distribuir poder com inteligência estratégica, autonomia responsável e criatividade colectiva**.

Delegar, empoderar e co-criar não são apenas boas práticas

— são **necessidades operacionais e existenciais para empresas que desejam prosperar num mundo volátil, interdependente e orientado por inovação sistêmica.**

"**Empresas que não sabem compartilhar decisões, sufocam soluções**." — Empreendária

1. Delegar com Estratégia: Da Tarefa à Autonomia

Delegar, na visão empreendária, **não é apenas transferir tarefas**, mas sim **compartilhar responsabilidade estratégica** com clareza de propósito, critérios de qualidade e parâmetros de resultado.

Elementos Técnicos da Delegação Inteligente

Elemento Técnico	Descrição
Contextualização Estratégica	Comunicar o "porquê" e os impactos do que está sendo delegado
Critérios de Sucesso	Definir entregáveis, indicadores e padrões de qualidade
Nível de Autonomia Permitida	Estabelecer limites claros para decisão e acção (modelo RACI, por exemplo)
Canais de Feedback	Criar estrutura para acompanhamento e ajustes sem microgestão
Confiança Mútua	Delegar com base em competências, não apenas hierarquia

"Delegar é activar inteligência fora do seu corpo." **Empreendária**

2. Empoderar com Método: Liberação Responsável de Potencial

O que é empoderar?

Empoderar é **transmitir legitimidade, autoridade, conhecimento e suporte** para que profissionais tomem decisões de forma autônoma e alinhada aos princípios organizacionais.

Bases Técnicas do Empoderamento Empreendário

Pilar	Acção Estratégica
Clareza de Propósito	Alinhar cada cargo à missão organizacional
Educação Contínua	Treinamento técnico e comportamental permanente
Transparência Informacional	Acesso a dados relevantes para tomada de decisão
Accountability Horizontal	Cultura de responsabilidade compartilhada (sem culpa, com consciência)
Modelagem de Confiança	Liderança pelo exemplo: vulnerabilidade, abertura e integridade

Ferramentas de Apoio:

- Planos de Desenvolvimento Individual (PDI)
- Sistemas de performance por competência, não só por resultado
- Métricas de clima psicológico (ex: índice de segurança emocional)
- Dashboards de performance acessíveis à equipe

Co-criar com Inteligência Colectiva

O que é Co-criar?

Co-criação: é o processo de elaborar soluções, produtos, processos ou decisões em conjunto, envolvendo múltiplos agentes internos e/ou externos (clientes, fornecedores, comunidades, equipes transversais).

A gestão empreendária reconhece que a inteligência colectiva é exponencialmente superior à inteligência individual, quando bem facilitada.

Etapas Técnicas para Processos de Co-criação

Preparação de Contexto

- Estabelecer a pergunta norteadora
- Mapear stakeholders relevantes

Abertura Colaborativa

Utilizar métodos como Design Thinking, Teoria U, World Café.

1. **Espaço de Divergência Criativa**

- Permitir conflito construtivo e ideias não-lineares

2. **Convergência Estratégica**

- Filtrar, priorizar e combinar ideias com base em critérios Objectivos e propósito

3. **Prototipagem e Feedback**

- Testar ideias em pequena escala, coletar dados e evoluir

Plataformas e Ferramentas Digitais

- **Miro, Mural, Notion, Figma** para colaboração visual
- **Power BI, Looker, Tableau** para visualização de dados compartilhados
- **Sistemas de votação por critérios (ex: ICE Scoring)** para priorização

Capitulo 12 - A Governança de Dados em Ambientes Distribuídos

A Governança de Dados em Ambientes Distribuídos

A Importância dos Dados na Delegação e Co-criação

Para que a descentralização não gere descontrole, é fundamental **disponibilizar dados confiáveis, compreensíveis e acionáveis**.

"**Delegar sem dados é abdicar de decisões.**

Empoderar com dados é gerar liderança."

– Empreendária

Tipos de Dados Essenciais

Uso da Informação	Dados Necessários
Delegação estratégica	Indicadores de desempenho por área, margem, tempo, qualidade
Empoderamento de líderes	Acesso a KPIs, OKRs, dados de cliente, benchmarks
Co-criação de soluções	Dados qualitativos, feedbacks, NPS, analytics de comportamento
Gestão de riscos	Dados de compliance, métricas legais, incidentes, histórico fiscal

Como Implantar a Delegação-Empoderamento-Co-criação na Prática

Roadmap de Implementação Empreendária

Etapa	Acção Técnica
1. **Diagnóstico**	Mapear onde estão os gargalos de centralização e desconfiança
2. **Definição de Papéis**	Clarificar níveis de autonomia, papéis de decisão e interfaces colaborativas
3. **Treinamento**	Desenvolver competências de liderança distribuída e análise de dados
4. **Plataformas de Suporte**	Implementar ferramentas de BI e colaboração em tempo real
5. **Cultura de Feedback**	Estabelecer ciclos curtos de feedback, celebração e evolução
6. **Métricas Sistêmicas**	Avaliar impacto através de KPIs de inovação, engajamento e eficiência

Exercício Prático: Implantar Delegação-Empoderamento-Co-criação na Prática

Objectivo

Capacitar a equipa e o líder a identificar gargalos, definir papéis claros, treinar competências, utilizar plataformas de suporte, cultivar feedback contínuo e medir resultados de forma sistêmica.

Roadmap de Implementação Empreendária

Etapa	Acção Técnica	Exercício Prático	Fórmula / Métrica
1	**Diagnóstico**	**Passo 1:** Liste todas as decisões tomadas nos últimos 30 dias e identifique quem as tomou. **Passo 2:** Marque cada decisão como centralizada (1) ou delegada (0).	**Taxa de Centralização (TC):** TC = (Nº decisões centralizadas / Total decisões) x 100 Exemplo: 18 centralizadas de 30 decisões → TC = (18/30) x 100 = 60%
2	**Definição de Papéis**	**Passo 1:** Crie uma tabela com	**Índice de Claridade de**

Etapa	Acção Técnica	Exercício Prático	Fórmula / Métrica
		todos os membros da equipa e suas responsabilidades. **Passo 2:** Para cada responsabilidade, defina o nível de autonomia (Alto, Médio, Baixo) e tipo de decisão (Estratégica, Operacional).	**Papéis (ICP):** ICP = (Nº de responsabilidades com autonomia clara / Total responsabilidades) x 100 Exemplo: 25 claras de 30 → ICP = (25/30)x100 = 83,3%
3	**Treinamento**	**Passo 1:** Liste competências essenciais de liderança distribuída e análise de dados. **Passo 2:** Cada membro autoavalia-se	**Média de Competência (MC):** MC = Σ (nota individual) / Nº de membros Exemplo: Σ notas=60, nº membros=20 → MC=60/20=3

Etapa	Acção Técnica	Exercício Prático	Fórmula / Métrica
		de 0 a 5 em cada competência. **Passo 3:** Crie um plano de treinamento para competências com média < 3.	
4	**Plataformas de Suporte**	**Passo 1:** Escolha ferramentas de BI e colaboração (ex: Google Workspace, Power BI). **Passo 2:** Simule um processo de tomada de decisão em tempo real usando a plataforma. **Passo 3:** Registe o tempo médio	**Tempo Médio de Decisão (TMD):** TMD = Σ (tempo de decisão em minutos) / Nº de decisões Exemplo: Σ tempos=300min, nº decisões=10 → TMD=30 min

Etapa	Acção Técnica	Exercício Prático	Fórmula / Métrica
		de resposta das decisões.	
5	Cultura de Feedback	**Passo 1:** Estabeleça ciclos de feedback semanais. **Passo 2:** Para cada feedback, registe se é positivo, neutro ou de melhoria. **Passo 3:** Crie uma reunião de celebração de conquistas e revisão de melhorias.	**Índice de Feedback Positivo (IFP):** IFP = (Nº feedbacks positivos / Total feedbacks) x 100 Exemplo: 12 positivos de 20 → IFP = (12/20)x100 = 60%
6	Métricas Sistêmicas	**Passo 1:** Defina KPIs de inovação, engajamento e eficiência. **Passo 2:** Colete dados durante	**KPI de Inovação (KI):** KI = Nº de ideias implementadas / Nº de ideias propostas x 100 **KPI de**

Etapa	Acção Técnica	Exercício Prático	Fórmula / Métrica
		1 mês. **Passo 3:** Analise se houve evolução após implementação da delegação e co-criação.	**Engajamento (KE)**: KE = Σ (participação individual em reuniões/projetos) / Nº total membros x 100 **KPI de Eficiência (KEf)**: KEf = (Tempo estimado / Tempo real gasto) x 100

Exemplo de Aplicação

2. **Diagnóstico:**

- Total decisões mês = 30
- Decisões centralizadas = 18
- TC = (18/30) x 100 = 60% → Alto nível de centralização

3. **Definição de Papéis:**

- Total responsabilidades = 30

- Claras = 25
- ICP = (25/30)x100 = 83,3% → Boa claridade, mas ainda há lacunas

4. **Treinamento:**

    - Média de competência da equipa = 3 → Necessidade de treino em liderança distribuída

5. **Plataformas de Suporte:**

- Total decisões simuladas = 10
- Tempo total = 300 min
- TMD = 30 min → Decisões mais rápidas com colaboração

6. **Cultura de Feedback:**

- Feedbacks positivos = 12
- Total feedbacks = 20
- IFP = 60% → Indica cultura de valorização crescente

7. **Métricas Sistêmicas:**

- Ideias implementadas = 8
- Ideias propostas = 10

- KI = (8/10)x100 = 80%
- Engajamento médio = 90%

- Eficiência = (Tempo estimado / Tempo real) x 100 = 95%

Resumo do Exercício:

O líder e a equipa conseguem visualizar onde estão os gargalos, definir papéis claros, avaliar competências, usar ferramentas de BI e colaboração, criar feedback contínuo e medir resultados com métricas claras, promovendo a delegação, o empoderamento e a co-criação.

Benefícios Estratégicos do Modelo Empreendário

Benefício	Impacto Directo
Redução da sobrecarga decisória	Líderes seniores atuam de forma mais estratégica
Aumento da velocidade organizacional	Decisões mais rápidas, com menos gargalos
Inovação contínua	Colaboração gera soluções fora da zona de conforto tradicional
Engajamento elevado	Pessoas sentem-se protagonistas do futuro organizacional
Captação e retenção de talentos	Profissionais buscam ambientes de confiança e autonomia

"Empresas que não sabem delegar, vivem estagnadas".

Empresas que empoderam e co-criam, vivem em estado de inovação contínua."- Empreendária

A **Gestão Empreendária** se concretiza quando o poder é redesenhado:

- Delegado com intenção,
- Empoderado com estrutura,
- Co-criado com propósito.

Essa tríade é o que diferencia organizações **lentas, reativas e verticais** das **organizações fluídas, regenerativas e exponenciais**.

Capitulo 13 - Liderança em Tempos de Incerteza

Liderança em Tempos De incerteza

A Gestão Empreendária entende que liderar em tempos de estabilidade é administrar. Liderar na incerteza é regenerar, interpretar e reposicionar realidades complexas.

Tempos de incerteza exigem lideranças cognitivamente sofisticadas, emocionalmente resilientes e estrategicamente adaptáveis.

"Liderar na incerteza não é controlar o invisível, é traduzir a névoa em caminhos possíveis."

— Empreendária

1. O que são tempos de incerteza?

Tempos de Incerteza: são contextos nos quais a estabilidade dos factores críticos de decisão (mercado, legislação, tecnologia, pessoas, clima, cadeia logística, sociedade) **é volátil, contraditória ou fragmentada**, dificultando o planejamento com base em padrões históricos ou lógicos tradicionais. - Empreendária

Características técnicas de um cenário incerto

Dimensão	Indicadores de Incerteza
Económica	Inflação imprevisível, crises de crédito, ciclos globais não convencionais
Fiscal/Legal	Mutação normativa, reformas abruptas, insegurança jurídica
Tecnológica	Disrupções exponenciais, obsolescência acelerada, IA generativa
Climática	Catástrofes naturais, escassez de recursos, tensões ambientais regulatórias
Social	Polarização cultural, transformações de comportamento de consumo

2. O perfil da liderança Empreendária na incerteza

A Liderança Tradicional Falha Porque...

- É baseada em previsibilidade
- Reage com rigidez e apego a estruturas passadas
- Centraliza poder em excesso

A Liderança Empreendária é

Pilar	Habilidade Essencial
Interpretativa	Capta sinais fracos, lê contextos e traduz complexidade em ação
Antifrágil	Aprende com a ruptura, responde com regeneração e não apenas resiliência
Experimental	Age com hipóteses e protótipos, não com certezas absolutas
Emocionalmente Alinhada	Regula ansiedade coletiva, mantém clareza com empatia
Inteligente em Dados	Usa dados dinâmicos como bússola de adaptação contínua

🛠 3. Ferramentas Técnicas para Liderar no Caos

3.1 Tomada de Decisão em Ambientes Ambíguos

Técnica: Princípio da Decisão Probabilística

- Hipótese Base + Cenários Alternativos
- Atribuir probabilidade, impacto e velocidade a cada cenário
- Recalibrar com base em dados de curto ciclo (feedback loops)

Ferramenta: Matriz BANI-READY

Situação (BANI)	Resposta Empreendária (READY)
Brittle (Frágil)	Resiliência Estrutural
Anxious (Ansiosa)	Empatia Emocional com Comunicação Clara
Nonlinear (Não-linear)	Agilidade e Testes de Cenários
Incomprehensible (Incompreensível)	**D**ados + Intuição + **Y**ield de Resultados Iterativos

Exercício Prático Real

Ferramentas Técnicas para Liderar no Caos
Tomada de Decisão em Ambientes Ambíguos (BANI)
Contexto Real da Empresa

Uma empresa média enfrenta **queda repentina de vendas (-35%)**, clientes inseguros, equipa ansiosa e dados contraditórios.

O líder precisa decidir em 72 horas se:

- Reduz custos agressivamente
- Investe em novo canal de vendas
- Mantém o modelo actual e espera

O erro pode significar **falência em 6 meses**.

PASSO 1 — Definir a Hipótese Base (Decisão Probabilística)

Hipótese Base:

> "Se activarmos um novo canal digital e ajustarmos processos internos, conseguimos estabilizar a receita em 90 dias."

PASSO 2 — Construir Cenários Alternativos Reais

Cenário	Descrição
C1 – Conservador	Cortar custos, reduzir equipa, travar investimentos
C2 – Adaptativo	Ajustar custos + investir em canal digital
C3 – Agressivo	Investir forte em marketing e tecnologia

PASSO 3 — Atribuir Probabilidade, Impacto e Velocidade

Escala usada: **1 (baixo) a 5 (alto)**

Matriz de Decisão Probabilística

Cenário	Probabilidade (P)	Impacto (I)	Velocidade (V)	Score Total
C1	4	2	5	(4×2×5)=40
C2	3	4	4	(3×4×4)=48
C3	2	5	2	(2×5×2)=20

Decisão Inicial:
Cenário 2 (Adaptativo) apresenta melhor equilíbrio risco-impacto-tempo.

PASSO 4 — Aplicar a Matriz BANI-READY (Realidade da Empresa)

Diagnóstico da Situação (BANI)

Situação BANI	Evidência Real na Empresa
Brittle (Frágil)	Dependência de 2 grandes clientes
Anxious (Ansiosa)	Equipa com medo de despedimentos
Nonlinear (Não-linear)	Pequenas acções geram grandes perdas
Incomprehensible (Incompreensível)	Dados financeiros contraditórios

Resposta Empreendária (READY)

BANI	READY	Acção Real
Brittle	Resiliência Estrutural	Diversificar clientes e fornecedores
Anxious	Empatia + Comunicação Clara	Reunião aberta semanal, sem promessas falsas
Nonlinear	Agilidade + Testes	Testar novo canal digital com orçamento mínimo
Incompreensível	Dados + Intuição	Decidir com dados de curto ciclo + experiência do líder

PASSO 5 — Implementar Feedback Loops (Curto Ciclo) Ciclo de 14 Dias

Indicadores monitorizados:

- Receita semanal
- Número de leads
- Moral da equipa (escala 1–5)
- Tempo de resposta ao cliente

Fórmulas Simples

Variação de Receita (%)

$$VR = \frac{Receita\ Actual - Receita\ Anterior}{Receita\ Anterior} \times 100$$

Índice de Moral da Equipa (IME)

$$IME = \frac{\sum Notas\ Individuais}{N^{\underline{o}}\ de\ Colaboradores}$$

PASSO 6 — Recalibração da Decisão

Após 14 dias:
Receita ↑ 8%
Leads ↑ 25%
IME = 4,1
Tempo de resposta ↓ 30%
☞ Decisão: **Manter Cenário 2 e escalar gradualmente o canal digital.**

Resultado Real para a Vida da Empresa

✓ Evitou despedimentos precipitados
✓ Reduziu ansiedade interna
✓ Criou resiliência estrutural
✓ Decidiu sem paralisar pelo medo
✓ Usou dados, mas não ignorou intuição

Lição Central do Exercício

Liderar no caos não é escolher a decisão perfeita.
É **escolher a decisão ajustável**, com ciclos curtos, humanidade e consciência de risco.

3.2 Liderança com dados como norte em ambientes turvos

O que fazer:

- Colectar dados em tempo real, em ciclos de 7 a 14 dias
- Utilizar dashboards dinâmicos com indicadores de adaptação, não apenas performance
- Implantar sistemas de escuta ativa de clientes e times
- Correlacionar dados qualitativos com comportamentos emergentes

Ferramentas:

- Indicadores VUCA Readiness
- OKRs adaptativos (revistos mensalmente)
- Power BI + KPIs contextuais

3.3 Condução de Pessoas na Névoa

"Liderar pessoas no caos é sustentar clareza, mesmo sem certezas." - Empreendária

Estratégias Pedagógicas e Humanas

Acção do Líder Empreendário	Efeito no Sistema Humano
Comunicar com frequência	Reduz ansiedade e sensação de abandono
Compartilhar vulnerabilidade	Aumenta confiança e valida a complexidade
Cuidar do clima emocional	Potencializa energia criativa e reduz evasão mental
Estimular pensamento crítico	Promove inovação e corresponsabilidade diante da ambiguidade

Ferramenta: Modelo C.A.L.M.A.

- **C**ontexto Compartilhado
- **A**utenticidade nas Relações
- **L**iberdade com Responsabilidade
- **M**étricas Coerentes com Realidade
- **A**prendizado Contínuo

Exercício Prático

Conduzir Pessoas na Névoa: Liderar com C.A.L.M.A. em Tempos Incertos

Contexto do Exercício (Situação Real):

A empresa atravessa um período de instabilidade: Queda de vendas, atrasos de fornecedores, pressão financeira, mudanças constantes nas decisões e colaboradores,emocionalmente,inseguros.

Não há respostas definitivas, mas o líder precisa manter a equipa unida, funcional e comprometida.

Este exercício ajuda o líder empreendário a agir com clareza humana mesmo sem controlo total da situação.

Objectivo do Exercício

Desenvolver a capacidade do líder de:

- Reduzir ansiedade colectiva
- Sustentar confiança sem falsas promessas
- Estimular corresponsabilidade
- Manter energia produtiva em contexto de incerteza

Usando o Modelo C.A.L.M.A.

Passo 1 – Contexto Compartilhado
(Clareza sem ilusão)

Acção prática do líder:
Reunir a equipa (presencial ou virtual) e explicar, de forma honesta e simples:

- que está a acontecer
- que se sabe
- que ainda não se sabe
- que está fora do controlo imediato

Exercício:

O líder responde por escrito a três perguntas e depois partilha com a equipa:

Qual é a principal dificuldade real da empresa neste momento?

Que decisões ainda estão indefinidas?

O que continua firme e não vai mudar (valores, propósito, compromisso com as pessoas)?

Efeito humano:

Reduz rumores, medo silencioso e sensação de abandono.

Passo 2 – Autenticidade nas Relações
(Vulnerabilidade responsável)

Acção prática do líder:

O líder assume que também sente pressão, mas demonstra presença e compromisso.

Exercício:

Durante a reunião, o líder partilha uma frase como:
"**Não tenho todas as respostas, mas estou aqui, atento e comprometido em atravessar este momento convosco**."

Depois, convida cada colaborador a responder:
O que mais lhe preocupa neste momento?
O que precisa para continuar a dar o seu melhor?

Regra: ouvir sem corrigir, sem justificar, sem minimizar.
Efeito humano: Aumenta confiança, maturidade emocional e vínculo real.

Passo 3 – Liberdade com Responsabilidade

(Autonomia orientada)

Acção prática do líder: Em vez de controlar tudo, o líder define limites claros e dá espaço para iniciativa.

Exercício:

Cada membro da equipa responde:

Que decisão posso tomar sozinho nesta fase?
Que problema posso ajudar a resolver sem esperar ordens?
Em que situação devo pedir apoio antes de agir?
O líder valida as respostas e formaliza pequenos acordos práticos.

Efeito humano: Reduz paralisia, aumenta corresponsabilidade e senso de utilidade.

Passo 4 – Métricas Coerentes com a Realidade
(Avaliar sem sufocar)

Acção prática do líder: Rever metas irreais e ajustar critérios de avaliação.

Exercício:

A equipa redefine, para o curto prazo:

2 indicadores possíveis de acompanhar
1 indicador que será suspenso temporariamente
1 comportamento humano prioritário (ex: colaboração, comunicação, foco)

Exemplo:

Menos foco apenas em resultados financeiros e mais atenção à consistência, presença e qualidade das decisões.

Efeito humano:

Reduz frustração e sensação de fracasso permanente.

Passo 5 – Aprendizado Contínuo
(Transformar crise em inteligência)

Acção prática do líder: Criar pequenos momentos de reflexão.

Exercício semanal (15 minutos):
Responder em conjunto:

O que aprendemos esta semana?
O que não funcionou e por quê?
O que vamos ajustar na próxima semana?
Sem culpas. Sem punições. Apenas aprendizado.

Efeito humano: Gera maturidade, adaptação e crescimento mesmo na incerteza.

O líder responde em silêncio:
Estou a tentar controlar o caos ou a sustentar pessoas dentro dele?
Estou a oferecer certezas falsas ou clareza humana?
Estou a liderar com medo ou com presença?

Frase-chave Empreendária

Liderar pessoas na névoa não é prometer caminhos limpos, é caminhar junto, com lucidez, humanidade e responsabilidade.

4. Arquitetura Estratégica para Liderança em Incerteza

Modelo: Ciclo R.A.D.A.R.

Fase	Ação Estratégica
Registrar	Captar dados e comportamentos emergentes
Analisar	Traduzir incerteza em padrões, por meio de dashboards vivos
Decidir	Tomar decisões com agilidade reversível e base experimental
Ativar	Comunicar e testar soluções com transparência colaborativa
Reajustar	Avaliar impacto, aprender rápido e reposicionar ação

5. Indicadores de Liderança Eficaz em Incerteza

Métrica	Indicador Prático
Velocidade de Adaptação	Tempo entre percepção de mudança e resposta
Engajamento sob pressão	Índices de participação, motivação e coesão em tempos adversos
Taxa de aprendizado organizacional	Número de testes/aprendizados por ciclo estratégico
Maturidade emocional da equipe	Avaliação psicométrica + feedback 360 sob estresse
Efetividade de comunicação interna	Tempo de compreensão x taxa de ruído em mensagens estratégicas

"Liderar em tempos de incerteza não é ter todas as respostas, mas manter viva a pergunta certa."

— Empreendária

A Liderança Empreendária em contextos incertos é menos sobre autoridade e mais sobre clareza, menos sobre controle e mais sobre conexão, menos sobre plano fixo e mais sobre arquitetura viva.

Em vez de esperar pelo novo normal, a liderança empreendária projeta o novo viável, ético e regenerativo.

Capitulo 14 - Casos de Liderança Empreendária

Casos de Liderança Empreendária

Evidências Vivas de uma Nova Forma de Liderar, Gerir e Regenerar Negócios

A Liderança Empreendária não é apenas um conceito; ela é uma prática transformacional validada em ambientes de alta complexidade,e incerteza.

Neste momento, analisamos **estudos de caso reais e narrativas modeladas** de líderes que, alinhados aos princípios da **Empreendária**, transitaram com sucesso por desafios extremos, instaurando culturas regenerativas, modelos de gestão integrados e decisões baseadas em propósito e dados.

"**Liderar com consciência estratégica, em contextos instáveis, é o novo divisor entre empresas resilientes e as que sucumbem**."

— Empreendária

1. Critérios de Análise: O Modelo L.I.D.E.R.A

Todos os casos apresentados foram avaliados segundo o **Modelo L.I.D.E.R.A**, framework empírico da **Empreendária**:

Letra	Pilar Técnico	Indicadores-Chave de Avaliação
L	**Liderança Integrada**	Clareza de propósito, coerência ética e comunicação estratégica
I	**Inteligência Contextual**	Capacidade de análise dinâmica de dados e cenários
D	**Decisão Regenerativa**	Ações que restauram sistemas, não apenas mitigam danos
E	**Empoderamento Colectivo**	Participação ativa, cocriação e redes de confiança
R	**Resultados Ético-Sustentáveis**	Impacto social, ambiental e econômico integrado
A	**Aprendizado Adaptativo**	Ciclos curtos de aprendizado, feedbacks sistêmicos

Exercício Prático

Aplicação do Modelo L.I.D.E.R.A na Resolução de um Problema Empresarial Real
Contexto Empresarial (Cenário Realista)

Uma empresa industrial de médio porte, com actuação em Angola, enfrenta os seguintes desafios:

- **Redução de 18% no volume de facturação anual**
- **Taxa de rotatividade de colaboradores de 22% ao ano**
- **Pressão regulatória crescente para redução das emissões de CO_2**
- **Índice de clima organizacional de 62/100**

A direcção decide aplicar o Modelo L.I.D.E.R.A, da Empreendária, como ferramenta prática de análise e decisão estratégica.

Modelo de Avaliação L.I.D.E.R.A

Cada pilar é avaliado numa escala de 0 a 100 pontos.
Todos os pilares têm peso estratégico igual.

L - Liderança Integrada
Indicadores Avaliados:
Clareza de propósito organizacional (% de colaboradores alinhados)

Coerência ética (número de incidentes/ano)
Comunicação estratégica (reuniões estruturadas/mês)

Dados Apurados:

Alinhamento ao propósito: 68%
Incidentes éticos: 4 por ano
Comunicação estratégica: 2 reuniões/mês
Fórmula de Cálculo: **L** = (Alinhamento × 0,5) + ((10 − Incidentes) × 5) + (Comunicação × 10)

Cálculo:
L = (68 × 0,5) + ((10 − 4) × 5) + (2 × 10)
L = 34 + 30 + 20
L = 84

I - Inteligência Contextual

Indicadores Avaliados:

Percentagem de decisões baseadas em dados
Frequência de análises de cenário por ano
Taxa de acerto nas previsões estratégicas
Dados Apurados:

Decisões orientadas por dados: 55%
Análises de cenário: 4 por ano
Taxa de acerto: 60%

Fórmula de Cálculo: **I** = (Uso de Dados × 0,4) + (Análises × 10) + (Acerto × 0,3)

Cálculo:

I = (55 × 0,4) + (4 × 10) + (60 × 0,3)
I = 22 + 40 + 18
I = 80

D - Decisão Regenerativa

Indicadores Avaliados:

Investimento em acções regenerativas (% do lucro)
Redução efectiva de impactos negativos (%)
Projectos sistémicos activos

Dados Apurados:

Investimento regenerativo: 6%
Redução de emissões de CO_2: 12%
Projectos sistémicos activos: 3

Fórmula de Cálculo: **D** = (Investimento × 5) + (Redução × 2) + (Projectos × 10)

Cálculo:

D = (6 × 5) + (12 × 2) + (3 × 10)
D = 30 + 24 + 30
D = 84

E - Empoderamento Colectivo

Indicadores Avaliados:

Percentagem de equipas envolvidas na tomada de decisão
Número de projectos cocriados
Índice de confiança interna (0–100)

Dados Apurados:

Participação activa: 48%
Projectos cocriados: 5
Confiança organizacional: 62/100

Fórmula de Cálculo: **E** = (Participação × 0,4) + (Projectos × 6) + (Confiança × 0,3)

Cálculo:

E = (48 × 0,4) + (5 × 6) + (62 × 0,3)
E = 19,2 + 30 + 18,6
E = 67,8

R - Resultados Ético-Sustentáveis

Indicadores Avaliados:

Variação do desempenho económico (%)
Impacto social (escala 0–100)
Desempenho ambiental (escala 0–100)

Dados Apurados:

Crescimento económico: −18%
Impacto social: 70
Desempenho ambiental: 65

Fórmula de Cálculo: **R** = ((Crescimento + 20) × 2) + (Impacto Social × 0,3) + (Ambiental × 0,3)

Cálculo:

R = ((−18 + 20) × 2) + (70 × 0,3) + (65 × 0,3)
R = 4 + 21 + 19,5
R = 44,5

⚠︎ **Sinal de alerta**: Resultados económicos, sociais e ambientais ainda não estão integrados de forma sistémica.

A - Aprendizado Adaptativo

Indicadores Avaliados:

Ciclos de feedback estruturado por ano
Tempo médio de ajustamento estratégico (meses)
Taxa de melhoria contínua (%)

Dados Apurados:

Feedbacks anuais: 6
Tempo médio de ajustamento: 8 meses
Melhoria contínua: 10%

Fórmula de Cálculo: **A** = (Feedbacks × 10) + ((12 – Tempo) × 5) + (Melhoria × 2)

Cálculo:

A = (6 × 10) + ((12 – 8) × 5) + (10 × 2)
A = 60 + 20 + 20
A = 100

Índice Global de Maturidade L.I.D.E.R.A

Fórmula Geral:

Índice L.I.D.E.R.A = (L + I + D + E + R + A) ÷ 6
Cálculo Final:

Índice = (84 + 80 + 84 + 67,8 + 44,5 + 100) ÷ 6
Índice ≈ 76,7

Leitura Estratégica do Resultado

✅ Liderança com elevada coerência e capacidade adaptativa
⚠️ Empoderamento colectivo ainda limitado
❌ Resultados económico-financeiros desconectados do propósito regenerativo

Desafio Prático Final

☞ Recalcule o Índice L.I.D.E.R.A considerando:

Aumento de 10% no empoderamento colectivo
Redução de 30% na rotatividade de colaboradores
Crescimento económico regenerativo de +5%

E responda:

Que decisões de liderança devem ser transformadas primeiro para alterar o sistema empresarial como um todo?

2. Caso 1 – AGROSENSO: Da Quebra ao Renascimento de uma Agroindústria Familiar

Situação Inicial:

- Empresa agroalimentar familiar, 2ª geração
- Crise hídrica + pandemia + perda de mercados internacionais
- Liderança tradicionalmente autoritária e avessa à inovação

Aplicação da Liderança Empreendária:

Elemento	Acção Realizada
Propósito Revisitado	Criada nova visão: "Alimentar o futuro com equilíbrio e consciência"
Decisão com Dados	Plataforma IoT para monitoramento hídrico e produção por hectare
Empoderamento Coletivo	Conselho operacional com trabalhadores e parceiros técnicos
Cultura Regenerativa	Reestruturação logística e ecológica da cadeia de produção
Tecnologia Integrada	Adoção de IA para predição de demanda + CRM rural

Resultados:

- Aumento de 24% em rentabilidade em 18 meses
- 35% de redução de perdas na cadeia produtiva
- Reconhecimento ESG internacional

CASO 1 – AGROSENSO
Da Quebra ao Renascimento de uma Agroindústria Familiar

Exercício 1 — Avaliação Estratégica com o Modelo L.I.D.E.R.A

Situação inicial quantificada (antes da transformação)

Indicador	Valor Inicial
Rentabilidade líquida	8%
Perdas na cadeia produtiva	40%
Eficiência hídrica	55%
Engajamento dos trabalhadores	50/100
Uso de dados na decisão	30%

Liderança Integrada

Dados Após Intervenção:

Alinhamento ao novo propósito: 82%
Incidentes de conflito ético/ano: 2
Reuniões estratégicas mensais: 3

Fórmula: **L** = (Alinhamento × 0,5) + ((10 – Incidentes) × 5) + (Reuniões × 10)

Cálculo:

$$L = (82 \times 0{,}5) + ((10 - 2) \times 5) + (3 \times 10)$$
$$L = 41 + 40 + 30$$
$$L = 111 \rightarrow \text{ajustado para } 100$$

Capitulo 15 - Liderança regenerada e alinhada ao propósito.

Liderança regenerada e alinhada ao propósito.

Inteligência Contextual (Uso de IoT)

Dados:
Decisões baseadas em dados: 75%
Monitoramentos hídricos/ano: 12
Precisão das previsões agrícolas: 70%

Fórmula: **I** = (Uso de Dados × 0,4) + (Monitoramentos × 5) + (Precisão × 0,3)

Cálculo:

I = (75 × 0,4) + (12 × 5) + (70 × 0,3)
I = 30 + 60 + 21
I = 111 → ajustado para 100

D-Decisão Regenerativa

Dados:
Investimento ecológico: 8% do lucro
Redução de perdas produtivas: 35%
Projectos regenerativos activos: 4

Fórmula: **D** = (Investimento × 5) + (Redução de Perdas × 2) + (Projectos × 10)

Cálculo:

D = (8 × 5) + (35 × 2) + (4 × 10)
D = 40 + 70 + 40
D = 150 → ajustado para 100

E-Empoderamento Colectivo

Dados:

Trabalhadores envolvidos nas decisões: 65%
Projectos cocriados: 6
Índice de confiança interna: 78/100

Fórmula:**E** = (Participação × 0,4) + (Projectos × 6) + (Confiança × 0,3)

Cálculo:

E = (65 × 0,4) + (6 × 6) + (78 × 0,3)
E = 26 + 36 + 23,4
E = 85,4

R-Resultados Ético-Sustentáveis

Dados:
Aumento de rentabilidade: +24%
Impacto social local: 80

Desempenho ambiental: 85

Fórmula: R = (Rentabilidade × 2) + (Impacto Social × 0,3) + (Ambiental × 0,3)

Cálculo:

R = (24 × 2) + (80 × 0,3) + (85 × 0,3)
R = 48 + 24 + 25,5
R = 97,5

A-Aprendizado Adaptativo

Dados:

Ciclos de feedback/ano: 8
Tempo médio de ajustamento: 5 meses
Taxa de melhoria contínua: 18%

Fórmula:**A** = (Feedbacks × 10) + ((12 – Tempo) × 5) + (Melhoria × 2)

Cálculo:

A = (8 × 10) + ((12 – 5) × 5) + (18 × 2)
A = 80 + 35 + 36
A = 151 → ajustado para 100

◆ **Índice Global AGROSENSO**
Índice = (100 + 100 + 100 + 85,4 + 97,5 + 100) ÷ 6
Índice ≈ 97,1
📌 **Conclusão**: Renascimento sistémico sustentado por liderança empreendária.

3. Caso 2 – INOVAMED: Liderança Hospitalar em Crise Sanitária

Situação Inicial:

- Hospital privado durante o colapso da COVID-19
- Recursos escassos, exaustão das equipes, caos operacional
- Tomada de decisão centralizada, moral da equipe em colapso

CASO 2 – INOVAMED

Liderança Hospitalar em Contexto de Crise Sanitária

Exercício 2 - Tomada de Decisão em Crise com Dados e Empoderamento

Situação Inicial Quantificada

Indicador	Valor Inicial
Ocupação hospitalar	135%
Tempo médio de resposta clínica	90 minutos
Ausência de profissionais	28%
Moral da equipa	45/100
Decisões baseadas em dados	25%

Problema Central: Como reduzir o colapso operacional sem aumentar recursos físicos?

Solução com Liderança Empreendária

Acções Implementadas:
Criação de núcleo de decisão clínica multidisciplinar
Painel digital de ocupação em tempo real
IA para triagem e priorização de pacientes
Rotação regenerativa das equipas

Exercício de Cálculo 1 - Eficiência Operacional
Dados Após Intervenção:
Ocupação optimizada: 95%
Tempo médio de resposta: 35 minutos

Fórmula de Eficiência Clínica: **Eficiência** = (Tempo Inicial ÷ Tempo Final) × (Ocupação Inicial ÷ Ocupação Final)

Cálculo:
Eficiência = (90 ÷ 35) × (135 ÷ 95)
Eficiência ≈ 2,57 × 1,42
Eficiência ≈ 3,65

A eficiência operacional triplicou.

Exercício de Cálculo 2 - Regeneração Humana

Dados:
Ausência reduzida para 12%
Moral da equipa aumentou para 75/100

Fórmula de Regeneração da Equipa: Regeneração = ((Ausência Inicial – Ausência Final) × 2) + (Moral Final – Moral Inicial)

Cálculo:
Regeneração = ((28 – 12) × 2) + (75 – 45)
Regeneração = 32 + 30

Regeneração = 62

Exercício de Cálculo 3 - Decisão com Dados

Dados:
Decisões baseadas em dados passaram para 70%
Fórmula de Evolução Decisória: **Evolução** = (Dados Finais – Dados Iniciais) × 1,5

Cálculo:
Evolução = (70 – 25) × 1,5
Evolução = 67,5

(**Reflexão Estratégica**)

Se a liderança tivesse permanecido centralizada, qual destes indicadores não teria melhorado? E porquê?

Acções de Gestão Empreendária:

Princípio Aplicado	Prática Executada
Decisão Antifrágil	Protocolos médicos definidos com base em dashboards preditivos
Liderança Emocional	Grupos de escuta activa + rotas de descompressão emocional
Co-criação Operacional	Profissionais envolvidos no redesenho dos turnos e fluxos críticos
Dados como Inteligência Viva	Painéis digitais com ocupação, recursos, alertas e carga humana

Impacto:

- Redução de 43% na rotatividade de pessoal
- Otimização dos leitos em 22%
- Reputação institucional elevada com prêmio nacional em governança em saúde

4. Caso 3 – EDTECH FUTURARE: Crescimento com Propósito na Era da IA

Desafio:

- Escalar uma startup de educação com ética em IA
- Operar sob alta volatilidade regulatória e tecnológica
- Construir confiança com pais, escolas e investidores

CASO 3 – EDTECH FUTURARE
Crescimento com Propósito na Era da Inteligência Artificial

Enquadramento Estratégico

A EDTECH FUTURARE é uma startup de educação digital baseada em IA, focada em aprendizagem personalizada para o ensino básico e médio.

Desafios-Chave:

Escalar rapidamente sem comprometer ética e transparência em IA.

Operar sob volatilidade regulatória (proteção de dados, uso de IA em educação)

Construir confiança simultânea com pais, escolas e investidores.

Evolução tecnológica contínua com risco de obsolescência.

A liderança decide aplicar o Modelo L.I.D.E.R.A para orientar crescimento sustentável.

Exercício Prático

Decisão Estratégica de Escala Ética

Dados Iniciais (antes da intervenção)

Indicador	Valor
Crescimento mensal de utilizadores	12%
Taxa de churn (abandono)	9%
Índice de confiança (pais/escolas)	58/100
Incidentes éticos em IA	3 por semestre
Decisões baseadas em dados	60%

L - Liderança Integrada (Propósito e Ética)

Acções Implementadas:

Definição pública do propósito:

"Educar com tecnologia consciente, justa e transparente."
Criação de comité ético de IA (educadores + juristas + engenheiros)
Comunicação trimestral com stakeholders

Dados Após Intervenção:

Alinhamento interno ao propósito: 88%
Incidentes éticos: 1 por semestre
Reuniões estratégicas/mês: 2

Fórmula: **L** = (Alinhamento × 0,5) + ((10 – Incidentes) × 5) + (Reuniões × 10)

Cálculo:

L = (88 × 0,5) + ((10 – 1) × 5) + (2 × 10)
L = 44 + 45 + 20
L = 109 → ajustado para 100

I - Inteligência Contextual (Regulação + Tecnologia)

Acções:
Monitor regulatório automatizado (IA jurídica)
Análise mensal de cenários tecnológicos
Painéis de risco e oportunidade

Dados Após Intervenção:
Decisões baseadas em dados: 85%
Análises de cenário/ano: 10
Precisão de previsões tecnológicas: 75%
Fórmula: I = (Uso de Dados × 0,4) + (Análises × 5) + (Precisão × 0,3)

Cálculo:
I = (85 × 0,4) + (10 × 5) + (75 × 0,3)
I = 34 + 50 + 22,5
I = 106,5 → ajustado para 100

D - Decisão Regenerativa (IA Responsável)

Acções:
Auditorias algorítmicas trimestrais
Limitação de recolha de dados sensíveis
IA explicável para professores e pais

Dados:
Investimento em ética e segurança: 7% da receita
Redução de risco algorítmico: 40%
Projectos de IA responsável activos: 3

Fórmula: D = (Investimento × 5) + (Redução de Risco × 2) + (Projectos × 10)

Cálculo:
D = (7 × 5) + (40 × 2) + (3 × 10)
D = 35 + 80 + 30
D = 145 → ajustado para 100

E - Empoderamento Colectivo (Ecossistema Educativo)

Acções:
Conselhos pedagógicos com escolas
Painéis de feedback com pais e alunos
Programas de formação em IA para docentes

Dados:
Stakeholders envolvidos activamente: 70%
Projectos cocriados: 5
Índice de confiança: 82/100

Fórmula: E = (Participação × 0,4) + (Projectos × 6) + (Confiança × 0,3)

Cálculo:
E = (70 × 0,4) + (5 × 6) + (82 × 0,3)
E = 28 + 30 + 24,6
E = 82,6

R - Resultados Ético-Sustentáveis

Dados:
Crescimento mensal ajustado: 18%
Retenção de utilizadores: 94%
Avaliação ESG de investidores: 90/100

Fórmula: **R** = (Crescimento × 2) + (Retenção × 0,3) + (ESG × 0,3)

Cálculo:
R = (18 × 2) + (94 × 0,3) + (90 × 0,3)
R = 36 + 28,2 + 27
R = 91,2

A - Aprendizado Adaptativo

Dados:
Ciclos de feedback/ano: 9
Tempo médio de ajustamento estratégico: 4 meses
Taxa de melhoria contínua: 20%

Fórmula: A = (Feedbacks × 10) + ((12 – Tempo) × 5) + (Melhoria × 2)

Cálculo:
A = (9 × 10) + ((12 – 4) × 5) + (20 × 2)
A = 90 + 40 + 40
A = 170 → ajustado para 100
Índice Global L.I.D.E.R.A - EDTECH FUTURARE
Índice = (100 + 100 + 100 + 82,6 + 91,2 + 100) ÷ 6
Índice ≈ 95,6

Interpretação Estratégica

- ✓ Escala acelerada sem perda de ética
- ✓ Confiança fortalecida com todos os stakeholders
- ✓ A usada como activo regenerativo, não como risco

⚠️ Empoderamento colectivo ainda pode crescer via maior cocriação internacional

Desafio Final: Simula o impacto se ocorrer uma nova regulação que reduza o crescimento para 10% ao mês.

Pergunta-chave:

Qual pilar do Modelo L.I.D.E.R.A deve ser reforçado primeiro para proteger a confiança e a sustentabilidade do negócio?

Estratégias Empreendárias:

Acção	Descrição Técnica
Propósito como Plataforma	Manifesto institucional ético: "IA para potencializar mentes humanas"
Governança Responsiva	Comitê de ética de dados + política de transparência algorítmica
Liderança de Comunidade	Painel aberto com educadores, estudantes e especialistas
Dados com Responsabilidade	Métricas de aprendizado personalizadas + IA auditável

Resultados Estratégicos:

- Crescimento de 70% na base de clientes em 12 meses
- Certificação internacional em ética digital educacional
- Cultura organizacional com NPS de 92 pontos

5. Quadro comparativo de padrões de sucesso

Dimensão	AGROSENSO	INOVAMED	FUTURARE
Propósito Vivo	✓□	✓□	✓□
Liderança Coletiva	✓□	✓□	✓□
Uso Estratégico de Dados	✓□	✓□	✓□
Decisão Adaptativa	✓□	✓□	✓□
Impacto Sustentável	✓□	Parcial	✓□

6. Lições Técnicas para o Líder Empreendário

O que se deve fazer na prática:

3. Mapear o propósito sistêmico da organização com clareza e engajamento colectivo
4. Criar sistemas de monitoramento contínuo de dados críticos (indicadores de contexto, não apenas de performance)
5. Incluir as pessoas na análise, decisão e coexecução
6. Adotar arquitetura de aprendizado contínuo baseada em feedback e protótipos

7. Instituir princípios de ética regenerativa em todas as cadeias de valor

Casos de Liderança Empreendária revelam que o verdadeiro poder de um líder moderno não está em prever o futuro, mas em desejá-lo com lucidez, co-construí-lo com coragem e reprogramar a realidade com inteligência ética.

"Onde há caos, o líder empreendário planta clareza. Onde há colapso, semeia reinvenção."

- Empreendária

Capitulo 16 - Planeamento Estratégico Para Pequenas Empresas

Planeamento Estratégico Para Pequenas Empresas

Planeamento estratégico para pequenas empresas é o processo integrado de definir objectivos, gerir eficientemente os recursos financeiros, utilizar informações contabilísticas para apoiar decisões e cumprir correctamente as obrigações fiscais, com o propósito de garantir estabilidade, crescimento sustentável e continuidade do negócio no contexto económico actual e futuro.

Planeamento estratégico é protecção contra improviso.

Diagnóstico Estratégico

SWOT Quantificada

Pontuação = Peso × Nota
Interpretação:
Acima de 3 → posição forte
Abaixo de 2,5 → vulnerável

PESTEL com Impacto Financeiro
Inflação 18%
Custo actual: 3.000.000 Kz

Impacto anual:
3.000.000 × 0,18 = 540.000 Kz
Novo custo: 3.540.000 Kz

Sem reajuste de preço → redução de margem.

Matriz GUT
Prioridade = Gravidade × Urgência × Tendência
Se resultado > 80 → prioridade estratégica imediata.

OKRs com Indicadores Financeiros

Objectivo: Aumentar rentabilidade.

Resultados-chave:

- **Elevar margem líquida de 10% para 18%**
- **Reduzir despesas fixas em 12%**
- **Aumentar ticket médio em 15%**
-

Ticket Médio
Receita ÷ Número de clientes
20.000.000 ÷ 400 = 50.000 Kz
Meta 15%:
50.000 × 1,15 = 57.500 Kz

INDICADORES E CONTROLO ESTRATÉGICO

Empresa saudável acompanha:

✓ Margem Bruta
✓ Margem Líquida
✓ Ponto de Equilíbrio
✓ Fluxo de Caixa
✓ Endividamento
✓ Rentabilidade
✓ Liquidez
✓ Giro de Stock

EXERCÍCIO

A Empresa apresenta:

Receita: 30.000.000 Kz
CMV: 21.000.000 Kz
Despesas Fixas: 6.000.000 Kz
Margem Bruta:
(30.000.000 – 21.000.000) ÷ 30.000.000 × 100 = 30%

Lucro Operacional:

30.000.000 – 21.000.000 – 6.000.000 = 3.000.000 Kz
Margem Líquida:
3.000.000 ÷ 30.000.000 × 100 = 10%

O método da Empreendária integra:

- ❖ Diagnóstico
- ❖ Validação
- ❖ Planeamento
- ❖ Controlo financeiro
- ❖ Gestão fiscal
- ❖ Monitorização estratégica

Empresa que:

✓ Mede
✓ Calcula
✓ Planeia
✓ Prioriza
✓ Controla

Não sobrevive apenas.
Cresce com sustentabilidade.

POSICIONAMENTO DE MARCA E ESTRATÉGIA DE DIFERENCIAÇÃO

Construindo Valor Sustentável no Mercado

Marca não é logotipo.
Marca é percepção.
Pequenas empresas em Angola muitas vezes competem apenas por preço.
Quando a competição é por preço, a margem desaparece.

Quando a competição é por valor percebido, a margem aumenta.

Posicionamento estratégico é a decisão consciente sobre:

- **Como quero ser percebido**
- **Por quem quero ser escolhido**
- **Por que razão devem pagar mais por mim**

A Empreendária não constrói marca para parecer grande.
Constrói marca para gerar lucro sustentável.

PROPOSTA ÚNICA DE VALOR (PUV)

Proposta Única de Valor é a declaração clara do benefício específico que diferencia a empresa da concorrência.

Ela responde a três perguntas fundamentais:

1.Que problema resolvo?
2.Para quem?
3.Por que sou diferente?

Estrutura Profissional da PUV

Fórmula prática:

"Eu ajudo [público-alvo] a [resolver problema específico] através de [diferencial claro], gerando [benefício mensurável]."

Exemplo Aplicado à Realidade dos PALOP´s

Empresa de consultoria financeira:

"Ajudo pequenas empresas a organizarem as suas finanças e aumentarem a margem de lucro através de planeamento estratégico e controlo de fluxo de caixa."

Validação Financeira da PUV

Se a empresa cobra 300.000 Kz por serviço e:

- Custo do serviço = 120.000 Kz
- Despesas administrativas = 50.000 Kz

Lucro por cliente:
300.000 – 170.000 = 130.000 Kz
Margem:
130.000 ÷ 300.000 × 100 = 43%
Se a PUV permite margem acima da média do sector → posicionamento forte.

STORYTELLING ESTRATÉGICO

Storytelling é o uso estruturado de narrativa para criar conexão emocional e credibilidade.
Mas deve ser estratégico, não apenas emocional.

Estrutura Profissional do Storytelling
1.Contexto (origem da empresa)
2.Problema identificado
3.Solução desenvolvida
4.Resultados obtidos
5.Impacto no cliente

Exemplo

"Identificámos que muitas pequenas empresas fechavam por falta de controlo financeiro. Criámos um método simples de planeamento estratégico adaptado à realidade angolana. Hoje ajudamos empresas a aumentarem a sua rentabilidade em média 15% ao ano."

Indicador de Impacto

Se 20 clientes aumentaram a margem média de 12% para 18%:
Diferença = 6 pontos percentuais
Se receita média anual do cliente = 50.000.000 Kz

Impacto financeiro:
50.000.000 × 0,06 = 3.000.000 Kz adicionais por cliente
Isso fortalece reputação.

Capitulo 17 - Reputação Digital

Reputação Digital

Reputação é activo intangível com impacto financeiro real.

Indicadores de Reputação:

- Taxa de recomendação
- Avaliações online
- Testemunhos
- Engajamento digital

Cálculo de Impacto na Receita

Se:

Taxa de conversão actual = 5%
Após melhoria de reputação = 8%
Visitantes mensais: 1.000
Antes:
1.000 × 0,05 = 50 clientes
Depois:
1.000 × 0,08 = 80 clientes
Aumento: 30 clientes
Se ticket médio = 40.000 Kz
Impacto:
30 × 40.000 = 1.200.000 Kz adicionais por mês
Reputação gera receita.

BRANDING CONSCIENTE

Branding consciente é alinhamento entre:

- ❖ Propósito
- ❖ Valores
- ❖ Comunicação
- ❖ Experiência do cliente
- ❖ Resultado financeiro

Elementos Técnicos do Branding

✓ Identidade visual coerente
✓ Linguagem estratégica
✓ Promessa clara
✓ Experiência consistente
✓ Posicionamento de preço alinhado

Relação Branding × Margem

Empresas mal posicionadas competem por preço.
Se concorrência vende a 10.000 Kz com margem de 15%
Empresa posicionada vende a 14.000 Kz com margem de 35%
Diferença de margem por unidade:
(14.000 × 0,35) – (10.000 × 0,15)
= 4.900 – 1.500
= 3.400 Kz adicionais por unidade
Posicionamento gera lucro.

PRESENÇA EM MULTICANAIS

Multicanal não é estar em todas redes.
É estar onde o cliente está.

Canais Estratégicos na Realidade Angolana

- WhatsApp Business
- Instagram
- Facebook
- Website
- Atendimento físico
- Parcerias locais

Capitulo 18 - Da Ideia Ao Negócio: Como Identificar Oportnidades Sustentáveis

Da Ideia Ao Negócio: Como Identificar Oportnidades Sustentáveis

Empreender não começa com dinheiro. Começa com observação, análise e validação.

A Empreendária entende que nem toda ideia é oportunidade.

Oportunidade sustentável é aquela que:

- Resolve uma dor real
- Tem mercado disposto a pagar
- Gera margem
- Pode crescer sem comprometer a estabilidade financeira

Empreender por impulso gera desgaste.
Empreender com método gera crescimento.

1. Análise de Tendências, Dores de Mercado e Validação de Ideias

1.1 Análise de Tendências

Tendência é um comportamento ou necessidade que está a crescer.

Na realidade angolana, exemplos de tendências:

- ❖ Digitalização de serviços
- ❖ Comércio online informal a formalizar-se
- ❖ Formação profissional prática
- ❖ Serviços de entrega
- ❖ Soluções de poupança e educação financeira
- ❖ Produção local para reduzir dependência de importação

Como identificar tendências?

✓ Observação de comportamentos
✓ Análise de redes sociais
✓ Mudanças económicas
✓ Alterações na legislação
✓ Aumento de procura por determinados serviços

A Empreendária não cópia moda. Analisa sustentabilidade.

1.2 Identificação de Dores de Mercado

Dor de mercado é um problema recorrente que gera frustração.

Exemplos práticos:

- ❖ Dificuldade em encontrar fornecedores confiáveis
- ❖ Falta de serviços com atendimento profissional
- ❖ Entregas atrasadas
- ❖ Preços instáveis

- ❖ Falta de transparência

"Onde há dor constante, há oportunidade".

Perguntas estratégicas:

1. O que as pessoas reclamam frequentemente?
2. O que demora muito a ser resolvido?
3. O que gera insatisfação repetida?

A dor deve ser:

✓ Frequente
✓ Relevante
✓ Financeiramente solucionável

1.3 Validação de Ideias

Ideia validada é aquela que prova que existe cliente disposto a pagar.

Validação evita:

- ❖ Perda de capital
- ❖ Endividamento precoce
- ❖ Desgaste emocional

Métodos de Validação:

✓ Entrevistas com potenciais clientes
✓ Pré-venda
✓ Protótipo simples

✓ Teste piloto
✓ Simulação financeira

2. Modelos de Ideação

A Empreendária usa método. Criatividade com estrutura.

2.1 Modelo SCAMPER

SCAMPER é uma ferramenta de inovação que ajuda a melhorar ou transformar ideias existentes.

Significado:

S – Substituir
C – Combinar
A – Adaptar
M – Modificar
P – Propor outro uso
E – Eliminar
R – Reorganizar

Exemplo aplicado:

Negócio: Venda de comida caseira

S – Substituir embalagens comuns por embalagens ecológicas
C – Combinar comida com entrega rápida
A – Adaptar receitas tradicionais para versão saudável

M – Modificar tamanho das porções
P – Propor uso para eventos corporativos
E – Eliminar desperdício com produção por encomenda
R – Reorganizar sistema de pedidos para digital

SCAMPER transforma ideia simples em modelo estratégico.

2.2 Design Thinking

Modelo centrado no cliente.

Etapas:

1. Empatia – entender profundamente o cliente
2. Definição – identificar o problema real
3. Ideação – gerar soluções
4. Protótipo – criar versão simples
5. Teste – validar com utilizadores

A Empreendária não cria produto para si.
Cria solução para o cliente.

3. Modelo: Roteiro de Validação de Ideias com Baixo Custo

Antes de investir alto, validar com inteligência.

ETAPA 1 – Clareza da Proposta
Responder:
Que problema estou a resolver?
Para quem?
Por que escolheriam a minha solução?
Se não consegue explicar em 1 minuto, ainda não está claro.

ETAPA 2 – Pesquisa Directa
Falar com no mínimo 20 potenciais clientes.
Perguntar:
Já enfrenta este problema?
Como resolve hoje?
Quanto estaria disposto a pagar?
Se menos de 30% demonstrar interesse real → rever ideia.

ETAPA 3 – Simulação Financeira Básica

Calcular:

Custo estimado inicial
Despesas fixas mensais
Preço possível de venda

Exemplo:

- Investimento inicial: 5.000.000 Kz
  Despesas mensais: 1.000.000 Kz
  Margem por cliente: 50.000 Kz

Clientes necessários por mês:

1.000.000 ÷ 50.000 = 20 clientes
Se o mercado não comporta isso → modelo inviável.

ETAPA 4 – Teste Piloto

Lançar versão simples:

✓ Serviço mínimo viável
✓ Pequeno lote de produto
✓ Teste por 30 dias

Medir:

- ❖ Número de clientes
- ❖ Receita
- ❖ Custos reais
- ❖ Feedback

ETAPA 5 – Análise de Sustentabilidade
Calcular:

Ponto de Equilíbrio
Despesas Fixas ÷ Margem de Contribuição
Rentabilidade

(Lucro ÷ Investimento) × 100
Se ROI for inferior a 10% ao ano → modelo frágil.

ETAPA 6 – Decisão Estratégica

Após teste:
✓ Ajustar
✓ Melhorar
✓ Escalar
✓ Ou abandonar antes de perder capital
Empreender também é saber desistir cedo de ideia inviável.

PRINCÍPIOS DA EMPREENDÁRIA

Ideia não paga contas. Modelo sustentável paga.
Cliente valida, não o entusiasmo.
Pequeno teste evita grande prejuízo.
Crescimento exige margem.
Sustentabilidade é mais importante que velocidade.

Da ideia ao negócio existe um caminho:

Observação → Análise → Validação → Teste → Ajuste → Crescimento

A Empreendária não empreende por impulso.
Empreende com método, números e estratégia.

Capitulo 19 - Vendas E Marketing Digital Com Baixo Custo

Vendas E Marketing Digital Com Baixo Custo

Como gerar receitas com recursos limitados

Nos mercados actuais, pequenas e médias empresas podem alcançar resultados significativos sem grandes investimentos em publicidade, usando estratégias digitais eficientes e ferramentas gratuitas ou de baixo custo.

FUNIL DE VENDAS

O funil de vendas representa a jornada do cliente desde o primeiro contacto até a compra final.

Etapas principais:
Topo de Funil (ToFu) – Atração
Redes sociais, WhatsApp, blog, vídeos curtos
Objetivo: gerar interesse e tráfego

Meio de Funil (MoFu) – Conversão

- Captura de contactos, envio de ofertas, conteúdo educativo
- Objetivo: transformar interesse em lead

Fundo de Funil (BoFu) – Venda

- Propostas, negociação, fechamento
- Objetivo: converter lead em cliente

Indicadores chave:

- Taxa de conversão por etapa:

$$Taxa\ de\ Conversao = \frac{Leads\ Convertidos}{Leads\ Totais} \times 100$$

- Custo por lead (CPL):

$$CPL = \frac{Investimento\ em\ Marketing}{Numero\ de\ Leads}$$

Exemplo:

1. Leads gerados: 500

2. Leads convertidos em clientes: 50

$$Taxa\ de\ Conversao = 50 \div 500 \times 100 = 10\%$$

REDES SOCIAIS E WHATSAPP BUSINESS

Redes Sociais

Ferramentas gratuitas: Facebook, Instagram, TikTok
Conteúdos estratégicos:

3. Postagens educativas (tofu)
4. Demonstrações de produtos (mofu)
5. Ofertas e promoções (bofu)

Planeamento de Conteúdo:

6. Frequência: mínimo 3 publicações/semana
7. Tipos: imagem, vídeo curto, stories, carrossel
8. Indicadores: alcance, engajamento, cliques em links

WhatsApp Business

Ferramenta directa e gratuita para vendas
Funcionalidades: catálogos, mensagens automáticas, etiquetas
Scripts de vendas:

- Saudação + apresentação
- Oferta de valor
- Chamada para acção (CTA)
- Fechamento / follow-up

Exemplo de Script:
"Olá [Nome], obrigado pelo interesse! Temos uma oferta especial de [Produto]. Quer saber mais detalhes ou receber um orçamento agora?"

CALENDÁRIO EDITORIAL DE CONTEÚDO

Objetivo: organizar publicações e campanhas para maximizar resultados com baixo custo.

Dia	Canal	Tipo de Conteúdo	Objectivo	CTA
Seg	Instagram	Post educativo	Atrair leads	Link para WhatsApp
Ter	Facebook	Vídeo demonstração	Engajar	Comentário / Partilha
Qua	WhatsApp	Mensagem catálogo	Converter	Compra directa
Qui	Instagram	Stories oferta	Reforçar valor	Swipe up / WhatsApp
Sex	Blog	Artigo curto	Autoridade	Captura de email

Fórmula de Planeamento:

$$Numero\ de\ Leads\ Previsto = Alcance \times Taxa\ de\ Engajamento \times Taxa\ deConversao$$

Exemplo:

- Alcance = 2.000 pessoas
- Engajamento = 20% → 400 pessoas
- Conversão = 10% → 40 leads esperados

Capitulo 20 - Estratégia De Vendas Com Baixo Custo

Estratégia De Vendas Com Baixo Custo

Técnicas práticas

1. **Ofertas Limitadas**: urgência aumenta conversão
2. **Combos e pacotes**: aumentar ticket médio
3. **Follow-up estruturado**: mensagens automáticas e personalizadas
4. **Prova social**: depoimentos, fotos de clientes, casos de sucesso
5. **Cross-selling / Upselling**: sugerir produtos complementares

Indicadores de Performance

Indicador	Fórmula	Objectivo
Taxa de conversão	Leads Convertidos ÷ Leads Totais × 100	Avaliar eficiência do funil
CPL (Custo por Lead)	Investimento ÷ Número de Leads	Controlar custos de aquisição
ROI Marketing	(Receita gerada – Investimento) ÷ Investimento × 100	Medir retorno financeiro
Ticket Médio	Receita ÷ Número de Clientes	Avaliar valor médio de venda

Exemplo:

- ❖ Receita = 1.200.000 Kz
- ❖ Investimento = 50.000 Kz
- ❖ ROI = (1.200.000 – 50.000) ÷ 50.000 × 100 = 2.300% ✅

TEMPLATE – CALENDÁRIO EDITORIAL + SCRIPTS DE VENDAS

Sugestão de uso:

- ❖ Preencher calendário semanal com conteúdo para redes e WhatsApp
- ❖ Criar scripts adaptados a cada etapa do funil
- ❖ Medir resultados semanalmente: alcance, leads, conversão, vendas
- ❖ Ajustar campanhas conforme indicadores

Análise De Retorno Por Canal

ROI por canal:

ROI = (Receita Gerada – Custo do Canal) ÷ Custo do Canal × 100

Exemplo:
Investimento em anúncios: 500.000 Kz
Receita gerada: 2.000.000 Kz
ROI: (2.000.000 – 500.000) ÷ 500.000 × 100
= 300%

Canal validado.

MODELO: ROTEIRO DE POSICIONAMENTO COM EXEMPLO

ETAPA 1 – DEFINIR NICHO

Segmento específico.

Exemplo:
Pequenas empresas do sector comercial com facturação anual até 100 milhões Kz.

ETAPA 2 – IDENTIFICAR PROBLEMA PRINCIPAL

Exemplo:
Falta de controlo financeiro e planeamento estratégico.

ETAPA 3 – DEFINIR DIFERENCIAL

Exemplo:
Método simplificado adaptado à realidade angolana com indicadores práticos.

ETAPA 4 – FORMULAR PROPOSTA DE VALOR

"Ajudamos pequenas empresas comerciais a organizarem as suas finanças e aumentarem a margem de lucro através de planeamento estratégico simples e adaptado à realidade local."

ETAPA 5 – DEFINIR POSICIONAMENTO DE PREÇO

Preço deve reflectir valor.

Se:
Custo total do serviço = 200.000 Kz
Margem desejada = 40%

Preço:
200.000 ÷ (1 – 0,40)
= 333.333 Kz

ETAPA 6 – DEFINIR INDICADORES DE POSICIONAMENTO

✓ Margem mínima aceitável
✓ Taxa de retenção de clientes
✓ Taxa de recomendação
✓ Crescimento de receita
✓ Rentabilidade

EXERCÍCIO PRÁTICO

Empresa de formação profissional:
Custo por aluno = 25.000 Kz
Despesas fixas mensais = 2.000.000 Kz
Preço actual = 35.000 Kz

1.Calcular margem por aluno
2.Calcular ponto de equilíbrio
3.Avaliar se posicionamento permite expansão

Margem:

35.000 – 25.000 = 10.000 Kz
Ponto de equilíbrio:
2.000.000 ÷ 10.000 = 200 alunos
Se média mensal for 150 alunos → modelo inviável.
Necessário rever preço ou custo.

Posicionamento forte permite:
✓ Cobrar mais
✓ Reduzir sensibilidade a preço
✓ Aumentar margem
✓ Melhorar reputação

✓ Crescer com sustentabilidade

✓Marca não é custo.

Marca é activo estratégico com impacto directo na rentabilidade.

Capitulo 21 - Indicadores De Marketing E Vendas Automatizadas

Indicadores De Marketing E Vendas Automatizadas

Para pequenas e médias empresas, medir **eficiência do funil de vendas e retorno sobre investimento** é essencial. Os principais indicadores são: **CPL (Custo por Lead), ROI (Retorno sobre Investimento) e Taxa de Conversão**.

CUSTO POR LEAD (CPL)

O **CPL** indica quanto custa gerar cada lead ou contacto interessado, no seu produto/serviço.

É útil para avaliar se a campanha de marketing está **económica e eficiente**.

Fórmula

$$CPL = \frac{\textbf{Investimento Total em Marketing}}{\textbf{Numero de Leads Gerados}}$$

Exemplo Prático:

- Investimento total em marketing digital = 50.000 Kz
- Leads gerados = 200

$$CPL = 50.000 \div 200 = 250\ Kz/lead$$

Cada lead custou 250 Kz à empresa.

2. TAXA DE CONVERSÃO

A **taxa de conversão** mede a percentagem de leads que se tornam clientes.
É essencial para identificar **eficiência do funil de vendas**.

Fórmula

$$\boldsymbol{Taxa\ de\ Conversao}(\%) = \frac{\textbf{Numero de Clientes}}{\textbf{Numero de Leads}} \times \mathbf{100}$$

Exemplo Prático:

- Leads gerados = 200
- Clientes convertidos = 30

$$Taxa\ de\ Conversao = 30 \div 200 \times 100 = 15\%$$

15% dos leads gerados tornam-se clientes.

3. RETORNO SOBRE INVESTIMENTO (ROI)

O **ROI** mede a rentabilidade das ações de marketing, mostrando o **quanto a empresa ganha por cada Kz investido**.

Fórmula

$$\boldsymbol{ROI}(\%) = \frac{\textbf{Receita Gerada – Investimento}}{\textbf{Investimento}} \times \mathbf{100}$$

Exemplo Prático:

- Receita gerada pelas vendas = 1.200.000 Kz
- Investimento em marketing = 50.000 Kz

$$ROI = \frac{1.200.000 - 50.000}{50.000} \times 100 = 2.300\%$$

✅ Cada Kz investido gerou 23 Kz de receita.

4. PLANILHA AUTOMATIZADA – CALCULO DE INDICADORES

Você pode criar uma tabela no Excel ou Google Sheets assim:

Campanha	Investimento (Kz)	Leads Gerados	Clientes	Receita (Kz)	CPL (Kz/Lead)	Taxa de Conversão (%)	ROI (%)
Campanha 1	50.000	200	30	1.200.000	=B2/C2	=D2/C2*100	=(E2-B2)/B2*100

Fórmulas Automáticas:

- **CPL:** =Investimento/Leads
- **Taxa de Conversão:** =Clientes/Leads*100
- **ROI:** =(Receita – Investimento)/Investimento*100

Vantagens

- Avaliação rápida do custo de aquisição
- Identificação de campanhas mais eficientes
- Planeamento de investimento futuro baseado em dados reais

5. EXEMPLO INTEGRADO DE CAMPANHAS

Campanha	Investimento	Leads	Clientes	Receita	CPL	Conversão	ROI
Facebook Ads	50.000	200	30	1.200.000	250	15%	2.300%
WhatsApp Outreach	10.000	100	25	500.000	100	25%	4.900%
Instagram	20.000	150	20	400.000	133	13%	1.000%

✅ Observação: neste exemplo, **WhatsApp Business apresenta melhor ROI e CPL**, indicando que merece maior investimento.

Capitulo 22 - Gestão Inteligente e Sustentável

Gestão Inteligente e Sustentável

Gestão por Indicadores Essenciais

A Gestão por Indicadores Essenciais (GIE) não é um dashboard bonito nem um excesso de métricas.

É um sistema nervoso decisional, que integra propósito, contexto, performance e ética, permitindo à organização sentir, interpretar e agir com inteligência.

"**Medir o que realmente importa é a forma mais elevada de liderança consciente**."
– Empreendária

A **Gestão por Indicadores Essenciais (GIE)**, segundo a perspectiva da **Gestão Empreendária**, é mais do que um sistema de medição:

É uma **arquitetura decisional estratégica e sensível**, desenhada para alinhar **propósito, contexto e resultado** de maneira inteligente e regenerativa.

Em um mundo onde os **dados abundam**, mas a **sabedoria escasseia**, os Indicadores Essenciais tornam-se a **bússola operativa da organização viva** integrando performance, valor, impacto e adaptabilidade.

Gestão por Indicadores Essenciais (GIE) é a prática integrada de **colectar, interpretar e agir** com base em **conjuntos reduzidos, porém decisivos**, de indicadores que:

- Traduzem o propósito organizacional em resultados monitoráveis
- Revelam sinais contextuais e adaptativos do ambiente
- Promovem decisões com base em dados integrados — não apenas financeiros, mas ético-sociais, operacionais e culturais
- Empoderam o ecossistema interno a agir com inteligência, autonomia e accountability

Os Quatro Pilares da GIE segundo a Empreendária

Pilar	Conceito
Essencialidade	**Menos é mais**: apenas indicadores que afectam diretamente a missão
Contextualidade	Os dados precisam dialogar com a realidade viva e mutável
Sistemicidade	Cada indicador deve estar ligado a cadeias de valor e interdependência
Direcionalidade Ética	Indicadores devem servir ao propósito e não apenas ao lucro

1. Quais indicadores importam? A selecção essencial

A selecção de indicadores na GIE exige **clareza estratégica e ética cognitiva**. Para a Empreendária, existem 5 categorias que compõem o **Painel de Inteligência Essencial (PIE)**.

Categoria:	Exemplos (Indicadores Críticos)
Financeiros Regenerativos	EBITDA regenerativo, margem limpa de externalidades sociais/ambientais
Sociais e Humanos	Nível de engajamento colectivo, score de confiança interna
Adaptativos	Velocidade de resposta a rupturas, ciclos de aprendizagem completados
De Propósito e Cultura	Alinhamento estratégico do time, coerência entre valores e práticas
Tecnológicos Éticos	Transparência algorítmica, segurança de dados sensíveis

Gestão por Indicadores Essenciais (GIE)
Da medição à decisão consciente
Estrutura-Mãe da GIE
Painel de Inteligência Essencial (PIE)

A GIE opera com um conjunto reduzido e decisivo de indicadores, organizados em 5 categorias essenciais:

1. Financeiros Regenerativos
2. Sociais e Humanos
3. Adaptativos
4. Propósito e Cultura
5. Tecnológicos Éticos

Cada indicador deve respeitar os 4 pilares da GIE:

1. Essencialidade
2. Contextualidade
3. Sistemicidade
4. Direccionalidade Ética

Fórmula-Mestra da GIE

Índice de Gestão por Indicadores Essenciais (IGIE)
Esta fórmula integra todas as dimensões num único índice estratégico.

$$\mathbf{IGIE = (FR + SH + AD + PC + TE) \div 5}$$

Onde:

FR = Financeiros Regenerativos
SH = Sociais e Humanos
AD = Adaptativos

PC = Propósito e Cultura
TE = Tecnológicos Éticos

Cada bloco é calculado separadamente.

Indicadores Financeiros Regenerativos (FR)

Não basta gerar lucro. É necessário descontar externalidades negativas e medir valor líquido regenerativo.

2.1 EBITDA Regenerativo (ER)

Fórmula:

EBITDA Regenerativo = EBITDA Tradicional – Custos de Externalidades
Exercício Prático

Dados da Empresa:

EBITDA Tradicional: 1.200.000 Kz
Custos sociais (turnover, acidentes): 180.000 Kz
Custos ambientais (resíduos, multas): 120.000 Kz
ER = 1.200.000 – (180.000 + 120.000)
ER = 900.000 Kz

2.2 Score Financeiro Regenerativo (FR)

FR = (EBITDA Regenerativo ÷ Receita Total) × 100
Receita Total: 5.000.000 Kz
FR = (900.000 ÷ 5.000.000) × 100
FR = 18

Indicadores Sociais e Humanos (SH)

Organizações vivas dependem de confiança, engajamento e saúde relacional.

3.1 Índice de Engajamento Colectivo (IEC)

IEC = (Participação Activa + Compromisso + Colaboração) ÷ 3

Dados (0–100):
Participação: 70
Compromisso: 75
Colaboração: 80
IEC = (70 + 75 + 80) ÷ 3
IEC = 75

3.2 Score Social e Humano (SH)

SH = (IEC × 0,6) + (Score de Confiança × 0,4)
Confiança interna: 78
SH = (75 × 0,6) + (78 × 0,4)
SH = 45 + 31,2

SH = 76,2

Indicadores Adaptativos (AD)

A vantagem competitiva está na velocidade de aprender e responder.

4.1 Velocidade Adaptativa (VA)

VA = Rupturas Respondidas ÷ Rupturas Totais

Dados:

Rupturas identificadas: 6
Respostas eficazes: 4
VA = 4 ÷ 6
VA = 0,67

4.2 Score Adaptativo (AD)

AD = (VA × 50) + (Ciclos de Aprendizagem × 5)
Ciclos completados no ano: 6
AD = (0,67 × 50) + (6 × 5)
AD = 33,5 + 30
AD = 63,5

Indicadores de Propósito e Cultura (PC)

O propósito só é real quando orienta decisões e comportamentos.

5.1 Índice de Alinhamento Estratégico (IAE)

IAE = (Clareza do Propósito + Coerência Prática + Comunicação) ÷ 3

Dados (0–100):
Clareza: 85
Coerência: 70
Comunicação: 75
IAE = (85 + 70 + 75) ÷ 3
IAE = 76,7

5.2 Score de Propósito e Cultura (PC)

PC = IAE
PC = 76,7

Indicadores Tecnológicos Éticos (TE)

Tecnologia sem ética gera risco invisível.

6.1 Índice Tecnológico Ético (ITE)

ITE = (Transparência + Segurança de Dados + Controlo Humano) ÷ 3

Dados (0–100):
Transparência algorítmica: 65
Segurança de dados: 80
Controlo humano: 70
ITE = (65 + 80 + 70) ÷ 3
ITE = 71,7

6.2 Score Tecnológico Ético (TE)

TE = ITE
TE = 71,7

Cálculo Final - Índice GIE (IGIE)

IGIE = (FR + SH + AD + PC + TE) ÷ 5
IGIE = (18 + 76,2 + 63,5 + 76,7 + 71,7) ÷ 5
IGIE ≈ 61,2

Leitura Estratégica do Resultado

✖ Financeiro regenerativo frágil → externalidades elevadas
⚠︎ Capacidade adaptativa moderada
✓ Cultura, pessoas e ética tecnológica relativamente sólidas
☞ Conclusão: a empresa gera valor, mas ainda desperdiça inteligência sistémica.

Simulação:

Reduzir externalidades em 30%
Aumentar ciclos de aprendizagem de 6 para 9
Elevar transparência algorítmica para 80
☞ Pergunta-chave: Que decisão de liderança gera maior impacto no IGIE: cortar custos, investir em pessoas ou melhorar ética tecnológica?

🛠 2. Como Construir um Painel de GIE: Metodologia Aplicada

Etapas para Implementação na Prática:

Etapa	Descrição Técnica
1. Diagnóstico do Propósito Vivo	Traduzir missão em dimensões mensuráveis que guiem o indicador
2. Mapeamento de Fluxos Sistémicos	Identificar áreas de impacto, interdependência e correlação
3. Selecção com Critérios SMARTe	Indicadores devem ser: Simples, Medíveis, Alinhados, Relevantes, Temporais e Éticos
4. Design de Painel Visual Inteligente	Criar dashboards sintéticos, interativos e acessíveis a todos os stakeholders
5. Ciclos de Revisão e Aprendizado	Acompanhamento ágil com revisão a cada sprint ou ciclo decisório

3. Caso Prático: GIE na Liderança Empreendária de uma Rede de Clínicas

Cenário:

- Rede de clínicas integradas em saúde preventiva
- Dificuldade de alinhar expansão com qualidade de atendimento e impacto social

Indicadores Essenciais Definidos:

Categoria:	Indicador:
Financeiro Regenerativo	% de receita reinvestida em capacitação social dos pacientes
Adaptativo	Tempo médio de resposta a feedbacks críticos de pacientes
Cultural	Índice de coerência entre discurso institucional e acções práticas
Propósito	Nível de adesão dos pacientes aos planos de autocuidado
Tecnológico Ético	Grau de transparência do algoritmo de triagem médica

Resultado:

- Aumento de 38% na satisfação dos pacientes
- Otimização de recursos em 27%
- Reconhecimento como "Organização B" no sector de saúde integrativa

Caso Prático
Gestão por Indicadores Essenciais (GIE)
Liderança Empreendária numa Rede de Clínicas de Saúde Preventiva

Enquadramento do Exercício

Cenário Inicial

Uma rede de clínicas integradas em saúde preventiva enfrenta um dilema estratégico:

Crescer geograficamente

Sem comprometer qualidade clínica, impacto social e confiança dos pacientes.

A direcção decide aplicar a Gestão por Indicadores Essenciais (GIE) para alinhar expansão, propósito e eficiência.

Objectivo do Exercício

Demonstrar, através de indicadores essenciais e cálculos, como a liderança alcança:

✅ Aumento de 38% na satisfação dos pacientes
✅ Optimização de recursos em 27%
✅ Reconhecimento como "Organização B" no sector da saúde integrativa

Definição dos Indicadores Essenciais (PIE)

Categoria	Indicador Essencial
Financeiro Regenerativo	% da receita reinvestida em capacitação social
Adaptativo	Tempo médio de resposta a feedbacks críticos
Cultural	Coerência entre discurso e prática
Propósito	Adesão dos pacientes ao autocuidado
Tecnológico Ético	Transparência do algoritmo de triagem

Cada indicador será medido antes e depois da intervenção.

Dados Iniciais (Antes da GIE)

Indicador	Valor Inicial
Reinvestimento social	4% da receita
Tempo de resposta a feedback	14 dias
Coerência discurso–acção	60/100
Adesão ao autocuidado	45%
Transparência algorítmica	50/100
Satisfação dos pacientes	55/100
Eficiência de uso de recursos	100 (base)

Fórmulas e Cálculos por Indicador

4.1 Financeiro Regenerativo

Reinvestimento em Capacitação Social

Fórmula:

Índice Financeiro Regenerativo (FR) = (Reinvestimento Actual ÷ Reinvestimento Ideal) × 100

Dados:

Reinvestimento ideal definido: 10%
Reinvestimento após GIE: 9%
FR = (9 ÷ 10) × 100
FR = 90

Impacto directo: pacientes mais informados usam melhor os serviços → menos desperdício.

4.2 Indicador Adaptativo

Tempo de Resposta a Feedbacks Críticos

Fórmula:

Índice Adaptativo (AD) = (Tempo Inicial ÷ Tempo Final) × 100

4.3 Indicador Cultural

Coerência entre Discurso e Prática

Fórmula:

Índice Cultural (IC) = (Práticas Alinhadas ÷ Compromissos Declarados) × 100

Dados:
Compromissos institucionais: 10
Práticas efectivamente implementadas: 8
IC = (8 ÷ 10) × 100
IC = 80
📌 Impacto: percepção de autenticidade institucional.

4.4 Indicador de Propósito

Adesão dos Pacientes aos Planos de Autocuidado

Fórmula:

Índice de Propósito (IP) = Pacientes Aderentes ÷ Total de Pacientes

Dados:

Antes: 45%
Após programas educativos e acompanhamento: 70%
IP = 70
📌 **Impacto:** menos internações evitáveis, mais prevenção → optimização de recursos.

4.5 Indicador Tecnológico Ético

Transparência do Algoritmo de Triagem

Fórmula:

Índice Tecnológico Ético (ITE) = (Critérios Explicáveis + Auditoria + Supervisão Humana) ÷ 3

Dados (0–100):

Critérios explicáveis: 80
Auditoria clínica: 75
Supervisão humana: 85
ITE = (80 + 75 + 85) ÷ 3
ITE = 80

Impacto: confiança clínica e conformidade ética.
Cálculo do Impacto nos Resultados-Chave.

5.1 Aumento da Satisfação dos Pacientes

Fórmula:

Satisfação Final = Satisfação Inicial + Impacto Médio dos Indicadores

Impacto médio considerado:

Adaptativo (20%)
Cultural (25%)
Propósito (35%)
Tecnológico Ético (20%)
Impacto = (100×0,2) + (80×0,25) + (70×0,35) + (80×0,2)
Impacto = 20 + 20 + 24,5 + 16
Impacto = 80,5
Aplicando factor de conversão (0,47):
Aumento Real = 80,5 × 0,47 ≈ 38%

✅ **Resultado atingido**: +38% de satisfação dos pacientes

5.2 Optimização de Recursos

Fórmula:

Optimização (%) = (Redução de Desperdícios + Prevenção + Eficiência Operacional)

Dados estimados:
Menos exames redundantes: 10%
Menos internações evitáveis: 9%
Melhor alocação de equipas: 8%
Optimização = 10 + 9 + 8
Optimização = 27%

✅ **Resultado atingido**: optimização de recursos em 27%

5.3 Reconhecimento como "Organização B"

Critérios Atendidos:
✔□ Impacto social mensurável (FR + IP)
✔□ Governança ética (IC)
✔□ Transparência tecnológica (ITE)
✔□ Resultados equilibrados (satisfação + eficiência)

Fórmula de Elegibilidade (simplificada):
Score B = (FR + IC + IP + ITE) ÷ 4

Score B = (90 + 80 + 70 + 80) ÷ 4
Score B = 80
Score ≥ 80 → Elegível para certificação

✅ **Reconhecimento como Organização B no sector de saúde integrativa**

Este exercício demonstra que:

Quando poucos indicadores certos são bem escolhidos, a liderança deixa de apagar incêndios e passa a regenerar sistemas.

A GIE, aplicada com mentalidade empreendária, transforma dados em decisões, e decisões em impacto real.

4. Métricas Simbióticas e Dashboards Éticos

A GIE prevê **tecnologias de visualização** que ampliam o **entendimento colectivo** e fomentam a **acção orientada por dados humanizados**:

- Dashboards colaborativos por célula/área
- Mapas de calor de impacto ético
- Sinais de alerta preditivos não só financeiros, mas sociais

Como Funcionam na Prática (GIE em Acção)
A GIE não usa dashboards para controlar pessoas.
Usa dashboards para alinhar consciência, decisão e acção.

☞ **Métricas simbióticas** = métricas que beneficiam simultaneamente:

- ❖ negócio
- ❖ as pessoas
- ❖ ecossistema
- ❖ propósito

☞ **Dashboards éticos** = visualizações que não escondem impactos, nem reduzem a realidade a números frios.

O que muda em relação aos dashboards tradicionais?
Dashboard Tradicional
Financeiro isolado
Gestão para controlo
Leitura individual (direcção)
Reacção tardia
Dashboard Ético (GIE)
Indicadores integrados
Gestão para consciência
Leitura colectiva
Acção preventiva e regenerativa
Dashboards Colaborativos por Célula / Área
Exemplo Real: Rede de Clínicas de Saúde Preventiva

Cada célula (recepção, enfermagem, clínica, tecnologia, gestão) vê o que realmente depende dela, mas ligado ao todo.

2.1 Dashboard da Célula Clínica

O que aparece no ecrã (exemplo semanal):

Indicador Essencial	**Valor**	**Tendência**	**Leitura Humana**
Satisfação do paciente	82%	▲	Boa relação terapêutica
Tempo médio de atendimento	17 min	▼	Atenção à sobrecarga
Adesão ao autocuidado	68%	▲	Educação a funcionar
Alertas éticos	1	●	Caso isolado

☞ Não aparece ranking de médicos.
☞ Aparece impacto clínico e humano.
📌 Acção gerada: Ajuste de agenda + reforço de educação ao paciente (não punição)

2.2 **Dashboard da Célula de Gestão**

Indicador	**Valor**	**Impacto Sistémico**
Reinvestimento social	9%	Reduz custos futuros
Optimização de recursos	27%	Sustentabilidade
Clima interno	78/100	Retenção

📌 Pergunta orientadora no dashboard:
"Esta decisão melhora o sistema ou apenas o número?"

Métricas Simbióticas
Um Indicador, Vários Benefícios
Exemplo: Adesão ao Autocuidado

Benefício	Resultado
Paciente	Mais saúde e autonomia
Clínica	Menos internações evitáveis
Equipa	Menos stress operacional
Sistema	Menos custos globais

☞ Uma métrica, quatro impactos
☞ Isto é simbiose, não optimização cega.

Mapas de Calor de Impacto Ético

Tornar o Invisível Visível
Os mapas de calor éticos mostram onde decisões técnicas geram tensão humana ou social.

4.1 Exemplo: Algoritmo de Triagem Médica

Mapa de Calor Ético (visual lógico)

Área	Nível de Risco Ético
Triagem inicial	◎ Baixo
Prioridade por idade	◎ Médio
Casos complexos	● Alto

📌 Leitura colectiva:
● não significa erro
significa atenção humana reforçada
☞ Acção automática:

- ❖ **Supervisão clínica obrigatória**
- ❖ **Comunicação clara ao paciente**

4.2 Regra Ética da GIE

Sempre que um indicador fica vermelho, entra uma pessoa — não um castigo.

Sinais de Alerta Preditivos (Financeiros + Sociais)

A GIE não espera o problema acontecer.

5.1 Exemplo Prático de Alerta Social

Dados observados:

Queda de 12% no clima interno
Aumento de 18% no tempo de atendimento
Crescimento de reclamações emocionais

Fórmula de Alerta Social:

$$\textbf{Alerta Social} = (\Delta \text{Clima} \times 0{,}4) + (\Delta \text{Tempo} \times 0{,}3) + (\Delta \text{Reclamações} \times 0{,}3)$$

Alerta = (12×0,4) + (18×0,3) + (20×0,3)
Alerta = 4,8 + 5,4 + 6
Alerta = 16,2
📌 Limite crítico: 15
● Alerta activado antes do colapso
☞ Acção:

- ❖ **Redistribuição de equipas**
- ❖ **Conversas abertas**
- ❖ **Ajustes de carga**
- ❖ **Não corte de custos**

5.2 Exemplo de Alerta Financeiro Regenerativo

Alerta Financeiro = Aumento de custos – Investimento preventivo

Quando:

Custos sobem
Investimento em prevenção desce
☞ o sistema avisa antes da crise financeira

Como as Pessoas usam isto no Dia-a-Dia

Reunião Semanal (30 minutos):
Ler o dashboard juntos
Nomear o que está verde, amarelo e vermelho
Fazer 1 decisão regenerativa
Registar aprendizagem

☞ Sem PowerPoint
☞ Sem culpados
☞ Com responsabilidade colectiva

Diferença-Chave da GIE
Os dashboards não mandam.
Eles conversam.

Eles:

- ❖ Ampliam entendimento colectivo
- ❖ Reduzem ruído emocional
- ❖ Aceleram decisões conscientes
- ❖ Protegem o propósito

A GIE com Métricas Simbióticas e Dashboards Éticos transforma a organização numa organização viva, capaz de:

- ❖ Sentir antes de quebrar
- ❖ Aprender antes de repetir erros
- ❖ Crescer sem perder a alma

Ferramentas Recomendadas:

Tipo	Ferramentas Sugeridas
Visualização	Power BI, Tableau, Grafana, Metabase
Governança de Indicadores	OKRs Éticos, BSC Regenerativo, Mapas de Valor do Ecossistema
Colecta Inteligente	IoT + Machine Learning + Survey Inteligentes com IA

5. Indicadores como Linguagem da Liderança Empreendária

"Dados são linguagem. O líder empreendário fala com o futuro por meio deles."

— Empreendária

Ao empoderar **líderes, equipes e redes** com indicadores essenciais, a GIE transforma cada colaborador em **coautor estratégico**, e cada número em um **sinal de sabedoria sistêmica**.

A **Gestão por Indicadores Essenciais:** substitui o velho comando-controle por uma gestão **consciente, regenerativa e baseada em dados vivos**.

Ela rompe com métricas vazias e automatismos burocráticos, orientando decisões que **revelam propósito, cuidam de pessoas, respeitam o planeta e maximizam valor sustentável**.

"Na nova era, os indicadores não apenas medem o negócio. Eles medem a alma do negócio." — Empreendária

Capitulo 23 - Planeamento Estratégico Adaptativo: Inteligência em Movimento, Direcção com Propósito

Planeamento Estratégico Adaptativo: Inteligência em Movimento, Direcção com Propósito

Em uma era onde o contexto é volátil, a tecnologia acelera exponencialmente, e as expectativas sociais mudam em tempo real, **o planeamento estratégico tradicional morreu.**

"Planejar hoje como se o amanhã fosse previsível é uma disfunção cognitiva organizacional."

— Empreendária

Neste cenário, nasce o **Planeamento Estratégico Adaptativo (PEA)** uma abordagem sistémica, regenerativa e responsiva ao contexto, capaz de guiar organizações com propósito, agilidade e inteligência de ciclo curto.

Planeamento Estratégico Adaptativo (PEA) - Empreendária:

O PEA é o sistema cognitivo vivo de uma organização, estruturado em ciclos estratégicos de curta duração, retroalimentados por dados contextuais, decisões ágeis, participação distribuída e alinhamento contínuo ao propósito institucional.

É um modelo de planejamento **evolutivo e multidimensional**, que integra:

- Visão estratégica com plasticidade tática
- Feedbacks sistêmicos com indicadores essenciais
- Cenários dinâmicos com coerência ética e cultural

Os Fundamentos do Planeamento Estratégico Adaptativo

Pilar	Conceito
Elasticidade Estratégica	Capacidade de moldar a estratégia em tempo real sem perder direção
Propósito Evolutivo	O propósito orienta, mas também se refina com o contexto
Dados como Ecosensores	Os dados são os sensores que alertam e guiam as microdecisões
Cocriação Tática	As estratégias emergem do coletivo, não apenas da cúpula executiva
Ciclos Iterativos	Planejamento em espirais, não em cronogramas fixos e inflexíveis

Etapas do Planeamento Estratégico Adaptativo

1. Diagnóstico Vivo

- Análise não-linear do ecossistema interno e externo
- Uso de frameworks como: **Canvas Ético, Análise de Fluxos Culturais, SWOT Regenerativo**

2. Definição do propósito estratégico de ciclo

- Estabelecimento de um **Propósito de Ciclo** (90-180 dias) conectado ao Propósito Maior
- Clareza em termos de valor, impacto e transformação

3. Construção de cenários dinâmicos

- Elaboração de **microcenários evolutivos** com base em drivers de mudança
- Avaliação probabilística e estratégica por **mapas de impacto adaptativo**

4. Design de OKRs Inteligentes

- Objectivos qualitativos alinhados com **indicadores essenciais**
- Implementação orientada a resultados, aprendizagem e impacto real

5. Execução Ágil com Governança Orgânica

- Times autogeridos com metas claras e dashboards visuais
- Metodologias híbridas: Scrum, OKRs, Sociocracia, Lean

6. Retrospectivas Estratégicas e Pivotagem

- A cada ciclo: **revisão adaptativa, correção de rumos, integração de aprendizagens**
- Feedbacks 360º com dados culturais, éticos, financeiros e adaptativos

Caso Prático: PEA em uma EdTech Empreendária

Contexto:

Startup de educação digital com crescimento rápido e disrupções constantes em tecnologia e comportamento do consumidor.

Desafio:

Alinhar crescimento com propósito educacional, manter adaptabilidade e coerência ética em tempos de expansão.

Estratégia

Etapa	Acção Prática
Propósito Evolutivo	Tornar acessível educação crítica e inclusiva para comunidades remotas
Ciclo Estratégico	120 dias com foco em inclusão digital + retenção do aluno
OKRs Adaptativos	Aumentar em 25% a taxa de permanência estudantil com equidade
Cenário de Risco	Mudança legislativa + queda de investimento + burnout de equipe
Dashboard Inteligente	Indicadores de inclusão, bem-estar da equipe, engajamento e retorno
Retrospectiva e Pivotagem	Criação de um novo modelo freemium com tutoria comunitária integrada

Resultado:

- +31% em permanência dos alunos
- Redução de 17% em rotatividade de talentos
- Reconhecimento internacional como negócio de impacto ético-educacional

Capitulo 24 - Planeamento Estratégico Adaptativo (PEA)

Planeamento Estratégico Adaptativo (PEA)

Modelo Prático de Cálculo e Execução
Caso Real — EdTech Empreendária

Porque o PEA precisa de ser calculado?
Planeamentos tradicionais descrevem intenções.
O PEA mede a capacidade viva da organização de se adaptar sem perder identidade.

☞ **Calcular o PEA permite**:

- ❖ Saber se a estratégia está viva ou rígida
- ❖ Detectar desalinhamentos antes da crise
- ❖ Decidir quando manter, ajustar ou pivotar
- ❖ Proteger o propósito em contextos instáveis

Fórmula-Mestra do Planeamento Estratégico Adaptativo
Índice de Planeamento Estratégico Adaptativo (IPEA)
IPEA = (EE + PE + DE + CT + CI) ÷ 5

Onde:
EE = Elasticidade Estratégica
PE = Propósito Evolutivo
DE = Dados como Ecosensores
CT = Cocriação Tática
CI = Ciclos Iterativos

Cada pilar é calculado com indicadores simples, accionáveis e reais.

Caso Prático — EdTech Empreendária

Startup de educação digital, em rápido crescimento, com:

- Pressão tecnológica
- Mudanças regulatórias
- Risco de burnout
- Necessidade de manter ética educacional e inclusão
- Ciclo estratégico definido: 120 dias

Cálculo Passo a Passo do PEA

4.1 Elasticidade Estratégica (EE)

O que mede?

Capacidade de ajustar tácticas sem abandonar a direcção estratégica.
Indicadores:
Estratégias ajustadas sem ruptura
Tempo médio de resposta estratégica
Continuidade do propósito

Fórmula:

EE = (Ajustes Bem-Sucedidos ÷ Ajustes Totais) × 100

Dados do Caso:

Ajustes realizados: 5
Ajustes eficazes (sem perda de propósito): 4
EE = (4 ÷ 5) × 100
EE = 80

4.2 Propósito Evolutivo (PE)

O que mede?

Se o propósito orienta decisões e evolui com o contexto.

Indicadores:

Alinhamento das equipas
Coerência entre discurso e produto
Impacto educacional real

Fórmula:

PE = (Alinhamento Interno + Coerência Prática + Impacto Social) ÷ 3

Dados (0–100):
Alinhamento interno: 85
Coerência prática: 80
Inclusão educacional medida: 78

PE = (85 + 80 + 78) ÷ 3
PE = 81

4.3 Dados como Ecosensores (DE)

O que mede?

Capacidade dos dados alertarem antes da ruptura.

Indicadores:

Indicadores essenciais activos
Alertas antecipados
Decisões baseadas em dados contextuais

Fórmula:
DE = (Alertas Úteis ÷ Alertas Totais) × 100

Dados:
Alertas emitidos: 10
Alertas que geraram decisão útil: 8
DE = (8 ÷ 10) × 100
DE = 80

4.4 Cocriação Tática (CT)

4.5 O que mede?

Participação real do colectivo na construção da estratégia.

Indicadores:
Equipas envolvidas
Decisões cocriadas
Autonomia responsável

Fórmula:

CT = (Decisões Cocriadas ÷ Decisões Estratégicas) × 100

Dados:
Decisões estratégicas no ciclo: 12
Decisões cocriadas: 9
CT = (9 ÷ 12) × 100
CT = 75

4.5 Ciclos Iterativos (CI)

O que mede?

Capacidade de aprender e ajustar rapidamente.

Indicadores:
Retrospectivas realizadas
Aprendizagens aplicadas
Tempo de iteração

Fórmula:
CI = (Aprendizagens Aplicadas ÷ Aprendizagens Identificadas) × 100

Dados:
Aprendizagens identificadas: 7
Aplicadas no ciclo seguinte: 6
CI = (6 ÷ 7) × 100
CI ≈ 86

Cálculo Final do IPEA
IPEA = (80 + 81 + 80 + 75 + 86) ÷ 5
IPEA = 80,4

Leitura Estratégica do Resultado

Faixa IPEA	Significado
< 60	Estratégia rígida
60–75	Estratégia reactiva
75–85	Estratégia adaptativa
> 85	Estratégia viva

☞ **IPEA = 80,4 → Estratégia Adaptativa Saudável**
Ligação Directa aos Resultados Obtidos

+31% Permanência dos Alunos
Propósito Evolutivo (PE = 81)
Dados como ecosensores (DE = 80)
Ajuste de modelo para freemium com tutoria comunitária

☞ **Mais inclusão → mais retenção**

–17% Rotatividade de Talentos
Cocriação tática (CT = 75)
Ciclos iterativos (CI = 86)
Detecção precoce de burnout

☞ **Pessoas sentem-se parte da estratégia**

Reconhecimento Internacional de Impacto Ético
Coerência entre propósito, dados e decisões
Transparência adaptativa
Resultados mensuráveis

☞ **Impacto comprovado, não apenas declarado**

Simulação:

Reduz CT para 60
Mantém PE em 80

Aumenta DE para 90
☞ Recalcula o IPEA

Pergunta-chave: É possível manter impacto ético alto sem cocriação suficiente? Porquê?

Planeamento Estratégico Adaptativo não prevê o futuro. Ele prepara a organização para qualquer futuro.

PEA como Inteligência Organizacional Regenerativa

O Planeamento Estratégico Adaptativo transforma a gestão em um sistema vivo de:

- Aprendizagem contínua
- Decisão distribuída
- Execução alinhada com valores
- Reação com inteligência emocional e ética de futuro

Diferenciais Técnicos do PEA vs Planejamento Tradicional

Critério	Tradicional	Planeamento Estratégico Adaptativo
Horizonte	3 a 5 anos fixos	Ciclos de 90-180 dias iterativos
Base Decisória	Hierárquica	Distribuída e contextual
Fonte de Dados	Interna e histórica	Em tempo real, interna e externa
Reação à Mudança	Lenta, defensiva	Ágil, responsiva e preditiva
Ligação com Propósito	Fraca ou simbólica	Forte, dinâmica e vinculante
Aprendizado	Pós-falha	Durante o ciclo (learning loops)

🛠 Ferramentas Recomendadas

Finalidade	Ferramenta Empreendária Sugerida
Construção de Cenários	Foresight Canvas, PESTAL 3D, Mapa de Tensão Estratégica
Governança Adaptativa	OKRs Éticos, Sociocracia Cíclica, Círculos de Feedback Estratégico
Planeamento Visual	Notion + Trello (Ciclos), Miro + Figma para Fluxos Estratégicos Visuais
Integração de Indicadores	Power BI + Mapas de Valor Compartilhado
Cultura e Propósito	Mapa de Coerência Cultural + Termômetro de Alinhamento Intencional

Sistema Integrado de Liderança Empreendária

PEA + GIE + L.I.D.E.R.A em Acção
O PEA define o movimento,
a GIE dá os sensores,
e o L.I.D.E.R.A orienta a decisão humana.

Papel de Cada Modelo (integração clara)

Modelo	Função no Sistema
PEA	Planeamento vivo e adaptativo (o como evoluir)
GIE	Medição essencial e ética (o que observar)
L.I.D.E.R.A	Qualidade da liderança e da decisão (o como decidir)

☞ Separados, são bons modelos.
☞ **Integrados, tornam-se um sistema cognitivo organizacional.**

Arquitetura Integrada (visão prática)

PROPÓSITO
↓
PEA (Ciclos Estratégicos Adaptativos)
↓
GIE (Indicadores Essenciais / Dashboards Éticos)
↓
L.I.D.E.R.A (Decisão, Cultura e Resultados)
↓
RETROALIMENTAÇÃO → novo ciclo PEA

Fórmula-Mestra Integrada

Índice de Liderança Empreendária Adaptativa (ILEA)
Esta fórmula mostra **o nível real de maturidade da organização**.

ILEA = (IPEA + IGIE + ILIDERA) ÷ 3

Onde:

- **IPEA** = Índice de Planeamento Estratégico Adaptativo
- **IGIE** = Índice de Gestão por Indicadores Essenciais
- **ILIDERA** = Índice do Modelo L.I.D.E.R.A

Como cada modelo é calculado (resumo executivo)

4.1 IPEA — Planeamento Estratégico Adaptativo

IPEA = (EE + PE + DE + CT + CI) ÷ 5

(Elasticidade, Propósito Evolutivo, Dados-Ecosensores, Cocriação, Ciclos)

☞ Mede **se a estratégia está viva**

4.2 IGIE — Gestão por Indicadores Essenciais

IGIE = (FR + SH + AD + PC + TE) ÷ 5

(Financeiro Regenerativo, Social-Humano, Adaptativo, Propósito-Cultura, Tecnologia Ética)

☞ Mede **se a organização sente o que importa**

4.3 ILIDERA — Liderança Empreendária

ILIDERA = (L + I + D + E + R + A) ÷ 6

(Liderança, Inteligência Contextual, Decisão Regenerativa, Empoderamento, Resultados, Aprendizado)

☞ Mede **a qualidade da liderança e das decisões**

Exercício Prático Integrado

Caso: EdTech Empreendária (Ciclo de 120 dias)

Dados reais do ciclo:

- IPEA = **80,4**
- IGIE = **61,2**
- ILIDERA = **76,7**

5.1 Cálculo do Índice Integrado (ILEA)

ILEA = (80,4 + 61,2 + 76,7) ÷ 3
ILEA ≈ 72,8

Leitura Estratégica Integrada

Faixa ILEA	**Diagnóstico**
< 60	Organização reactiva
60–70	Organização funcional
70–80	Organização adaptativa
> 80	Organização viva e regenerativa

☞ **ILEA = 72,8 → Organização Adaptativa em Transição**

Insight-chave:

- ❖ Estratégia (PEA) está forte
- ❖ Liderança (L.I.D.E.R.A) é consistente
- ❖ **Sensores (GIE) ainda fracos** → risco invisível

Como os três modelos se conversam na prática

Exemplo real de decisão:

GIE detecta:

- ❖ Queda de engajamento estudantil
- ❖ Alerta social antecipado

◎ **PEA responde**:

- ❖ Ajusta o ciclo (pivotagem para modelo freemium comunitário)

◎ **L.I.D.E.R.A decide**:

- ❖ Empoderamento das equipas locais

- Decisão regenerativa (não apenas corte de custos)

☞ **Resultado**:

- +31% permanência dos alunos
- −17% rotatividade
- Reconhecimento internacional

Regra de Ouro da integração:

Se tens estratégia sem indicadores, estás a navegar às cegas.

Se tens indicadores sem liderança, estás a gerir máquinas.

Se tens liderança sem adaptação, estás preso ao passado.

Exercício Final (Aprendizagem Activa)

Simulação:

- Aumentar IGIE de 61,2 para 72
- Manter IPEA em 80
- Elevar ILIDERA para 82

☞ **Recalcula o ILEA**

ILEA = (80 + 72 + 82) ÷ 3
ILEA = 78

Pergunta-chave:
Qual investimento gera mais impacto sistémico: melhorar sensores (GIE) ou reforçar liderança (L.I.D.E.R.A)? Porquê?

PEA move a estratégia.
GIE revela a realidade.
L.I.D.E.R.A transforma decisões em impacto.
Integrados, eles não gerem empresas.
☞ **Regeneram organizações vivas.**

O Planeamento como Respiração da Organização Viva

"Planejar, hoje, é respirar com o mundo. É sincronizar decisão, direcção e ética em tempo real."

-Empreendária

O **Planeamento Estratégico Adaptativo:** não é uma ferramenta é uma **consciência de gestão** que reconhece a natureza impermanente dos mercados e a necessidade de responder **com lucidez, humanidade e inteligência regenerativa**.

É **a espinha dorsal da organização que quer ser relevante amanhã**.

Capitulo 25 - Cultura organizacional de alta performance: O sistema operacional invisível da excelência sustentável

Cultura organizacional de alta performance: O sistema operacional invisível da excelência sustentável

Num mundo onde as estruturas estão a ruir e os modelos tradicionais já não explicam o presente nem antecipam o futuro, **a Cultura Organizacional de Alta Performance (COAP)** não é mais uma vantagem competitiva **é um pré-requisito de sobrevivência adaptativa.**

"**Cultura é o código-fonte da organização. É invisível, mas executa tudo.**" - Empreendária

Neste contexto, a **Gestão Empreendária** posiciona a cultura como **um sistema vivo, intencionalmente modelado, que actua como o DNA coletivo da performance, inovação, ética e adaptabilidade.**

Cultura Organizacional de Alta Performance é o conjunto integrado e intencional de valores, comportamentos, crenças, narrativas, rituais e estruturas simbólicas que, alinhados ao propósito e aos dados, impulsionam o desempenho sustentável de uma organização em ambientes voláteis.

- Empreendária

Segundo Autores Relevantes:

- **Edgar Schein**: "Cultura organizacional são os padrões de pressupostos básicos que um grupo aprendeu ao lidar com seus problemas de adaptação externa e integração interna."

- **Daniel Coyle**: "A cultura é construída pela consistência de pequenos sinais, segurança psicológica e senso de pertencimento."

- **Gary Hamel**: "Cultura é o sistema imunológico e criativo da organização."

A visão empreendária actualiza esses conceitos, integrando propósito, dados e regeneração como eixos centrais da cultura adaptativa.

Os 7 Elementos Nucleares da Cultura de Alta Performance

Pilar	Definição Técnica Empreendária
1. Propósito Vivo	Significado central que orienta decisões, comportamentos e estratégia
2. Valores em Ação	Princípios praticados no dia a dia e validados por indicadores culturais
3. Segurança Psicológica	Ambiente onde se pode errar, inovar e discordar com respeito e maturidade
4. Accountability Circular	Responsabilidade distribuída com autonomia e clareza
5. Aprendizado Contínuo	Cultura de feedback, autodesenvolvimento e compartilhamento de saberes
6. Liderança Coerente	Líderes que agem como espelhos e catalisadores da cultura desejada
7. Dados Culturais Vivos	Métricas que medem e retroalimentam a cultura e os comportamentos desejados

🔬 Diagnóstico Cultural segundo a Empreendária

"Cultura não se impõe, se decifra."

- Empreendária

Ferramentas Empreendárias de Diagnóstico Cultural:

- Termômetro de Coerência Cultural
- Mapeamento de Fraturas Ético-comportamentais
- Radar de Narrativas Internas
- **Indicadores de Cultura:** Índice de Confiança, Aderência aos Valores, Frequência de Feedback

Cultura Organizacional de Alta Performance (COAP)

Indicadores Culturais Essenciais na Prática

"Se não consegues medir a cultura, ela está a medir-te em silêncio" - Empreendária

Na Gestão Empreendária, a cultura não é abstrata. Ela é um activo mensurável, que influencia directamente:

- Produtividade
- Inovação
- Custos ocultos
- Retenção de talentos
- Resultados financeiros

Indicadores Culturais-Chave (Essenciais)

Vamos focar nos três que qualquer organização consegue medir:

- Índice de Confiança (IC)
- Aderência aos Valores (AV)
- Frequência de Feedback (FF)

- ❖ Eles formam o núcleo operativo da COAP.

Fórmula Empreendária Simples e Profissional

Índice de Cultura de Alta Performance (ICAP)

ICAP = (IC + AV + FF) ÷ 3

☞ Resultado numa escala de 0 a 100

2.1 Como calcular cada indicador (sem complicação)

◆ 1. Índice de Confiança (IC)

Mede o nível de segurança psicológica e confiança institucional.

Fórmula:

IC = (Respostas positivas ÷ Total de respostas) × 100

Pergunta-base (exemplo):

"Sinto que posso falar a verdade nesta empresa sem medo de retaliação."

◆ 2. Aderência aos Valores (AV)

Mede se os valores escritos são vividos na prática.

Fórmla:

AV = (Comportamentos alinhados observados ÷ Comportamentos avaliados) × 100

Exemplo:

Valor: Transparência

Avalia-se se decisões, comunicações e práticas refletem esse valor

◆ **3. Frequência de Feedback (FF)**

Mede se a empresa aprende rápido ou repete erros.

Fórmula:

FF = (Feedbacks realizados ÷ Feedbacks esperados) × 100

Feedbacks formais + informais + retroalimentação de dados.

Exercício Prático - Caso Real

Empresa de Serviços Digitais em Transformação Tecnológica

Contexto:

Empresa a adoptar novas tecnologias de informação e comunicação

Quebra de desempenho

Resistência à inovação

Alta rotatividade

3.1 Dados Recolhidos no Diagnóstico Cultural

a) Índice de Confiança (IC)

72 colaboradores responderam

45 respostas positivas

IC = (45 ÷ 72) × 100

IC = 62,5

b) Aderência aos Valores (AV)

5 valores institucionais avaliados

3 valores praticados de forma consistente

AV = (3 ÷ 5) × 100

AV = 60

c) Frequência de Feedback (FF)

Feedbacks esperados no trimestre: 120

Feedbacks realizados: 78

FF = (78 ÷ 120) × 100

FF = 65

3.2 Cálculo do ICAP

ICAP = (62,5 + 60 + 65) ÷ 3

ICAP = 62,5

Leitura Estratégica do Resultado

ICAP	Diagnóstico Cultural
< 50	Cultura tóxica
50–65	Cultura frágil
65–80	Cultura funcional
> 80	Alta performance

☞ ICAP = 62,5 → Cultura Frágil

A,tecnologia não é o problema.
A cultura não está pronta para a tecnologia.

Ligação Directa com Resultados e Contabilidade Moderna

Impactos mensuráveis de um ICAP baixo:

Área	Impacto
Custos	Retrabalho, erros, conflitos
Fluxo de caixa	Rotatividade,baixa produtividade
Demonstração de resultados	Margem comprimida
Inovação	Bloqueada pelo medo
ESG	Risco reputacional

☞ Cultura vira custo invisível no DRE.

Plano Simples de Adaptação ao Futuro (90 dias)

Meta: Elevar ICAP de 62,5 para 75

Acções Directas:

- Rituais de feedback quinzenais
- Líderes avaliados por coerência (não só por resultados)

- ❖ Painel cultural visível à equipa
- ❖ Feedback baseado em dados, não em opinião

Simulação Pós-Intervenção:

Indicador	Antes	Depois
IC	62,5	75
AV	60	78
FF	65	82

ICAP novo = (75 + 78 + 82) ÷ 3

ICAP novo = 78,3

☞ **Cultura funcional a caminho da alta performance**

Porque a Empreendária?

Porque mostra que:

- ❖ Cultura pode ser medida
- ❖ Cultura impacta resultado financeiro
- ❖ Gestão moderna integra:
- ❖ ciência da gestão
- ❖ contabilidade moderna
- ❖ dados vivos
- ❖ fluxo real de valor

- Cultura deixa de ser discurso e passa a ser sistema operativo.
- Quem mede só números, gere máquinas.
  Quem mede cultura, gere o futuro.

Capitulo 26 - Integrar o ICAP (Índice De Cultura De Perfomance) Com PEA + GIE + L.I.D.E.R.A

Integrar o ICAP (Índice De Cultura De Perfomance) Com PEA + GIE + L.I.D.E.R.A

PEA + GIE + L.I.D.E.R.A + ICAP

Propósito, dados, liderança e cultura agora andam juntos.Este é o código-fonte operativo de uma organização adaptativa e regenerativa.

Como cada componente contribui

Componente	Função
PEA	Planeamento Estratégico Adaptativo — define ciclos estratégicos vivos e microdecisões
GIE	Gestão por Indicadores Essenciais — fornece sensores críticos de performance e impacto
L.I.D.E.R.A	Avalia qualidade de liderança, decisões regenerativas e empoderamento
ICAP	Mede a cultura organizacional real: confiança, valores e feedback

O ICAP é o "DNA vivo" do sistema, que alimenta todos os outros indicadores.

Fórmula integrada profissional

Chamamos a este índice ILEC - Índice de Liderança, Estratégia e Cultura:

ILEC = (IPEA + IGIE + ILIDERA + ICAP) ÷ 4

Onde:

IPEA = Índice do Planeamento Estratégico Adaptativo (0–100)

IGIE = Índice da Gestão por Indicadores Essenciais (0–100)

ILIDERA = Índice do Modelo L.I.D.E.R.A (0–100)

ICAP = Índice de Cultura de Alta Performance (0–100)

Resultado: escala de 0 a 100 → maturidade adaptativa da organização

Exemplo Prático - Startup EdTech

Dados simulados de um ciclo de 120 dias

Indicador	Valor
IPEA	80,4
IGIE	61,2
ILIDERA	76,7
ICAP	62,5

Cálculo do ILEC

ILEC = (80,4 + 61,2 + 76,7 + 62,5) ÷ 4

ILEC = 70,2

Leitura Estratégica

Faixa ILEC	Diagnóstico
< 60	Organização reactiva
60–70	Organização funcional/adaptativa em risco
70–80	Organização adaptativa saudável
> 80	Organização viva e regenerativa

ILEC = 70,2 → Adaptativa saudável, mas precisa reforçar cultura e indicadores essenciais

Como os componentes interagem na prática

ICAP detecta fragilidades culturais → alerta PEA para ajustes nos ciclos estratégicos

GIE mede indicadores essenciais → mostra onde dados contextuais exigem decisão

L.I.D.E.R.A garante qualidade da liderança → transforma sinais em decisões regenerativas

PEA adapta a estratégia → ciclos curtos de 30–120 dias incorporam cultura, liderança e dados

Resultado: decisões rápidas, alinhadas ao propósito e sustentáveis

Simulação de Acção Adaptativa

Problema detectado:

ICAP baixo: confiança e feedback insuficientes → risco de burnout e rotatividade

IGIE baixo: indicadores críticos não acompanhados → risco financeiro e operacional

Ação integrada:

PEA → pivotagem do ciclo: introdução de tutoria comunitária + rituais de feedback

ICAP → implementar reuniões quinzenais e painéis visíveis de cultura

L.I.D.E.R.A → líderes treinados em empoderamento e coaching

GIE → indicadores essenciais monitorados diariamente

Resultado esperado (ciclo seguinte):

IPEA: 83

IGIE: 72

ILIDERA: 82

ICAP: 78

ILEC = (83 + 72 + 82 + 78) ÷ 4

ILEC = 78,75 → Organização adaptativa viva

Observações Estratégicas

Cultura + Liderança + Dados + Planeamento = força combinada

Sem ICAP, mesmo boas estratégias e dados podem falhar

Sem PEA, a cultura e indicadores não se traduzem em resultados

Sem L.I.D.E.R.A, decisões são inconsistentes ou centralizadas

Empreendária mostra: Para sobreviver e inovar, todos estes elementos devem funcionar como um sistema vivo.

Exercício Prático Rápido

Dados iniciais:

IPEA = 78

IGIE = 65

ILIDERA = 74

ICAP = 70

Calcular ILEC

Interpretar o nível de maturidade

Sugerir uma acção para aumentar ICAP em 8 pontos e recalcular ILEC

Objectivo: entender como cultura, liderança e indicadores alteram a performance adaptativa em tempo real

Dashboard Integrado Empreendária

PEA + GIE + L.I.D.E.R.A + ICAP

Estrutura do Dashboard

Painel Superior - Indicadores Globais

Indicador	Valor Actual	Cor / Sinal	Meta
IPEA (Planeamento Estratégico Adaptativo)	83	◎ Verde	>80
IGIE (Indicadores Essenciais)	72	◎ Amarelo	>75
ILIDERA (Liderança)	82	◎ Verde	>80
ICAP (Cultura)	78	◎ Amarelo	>80
ILEC (Índice Integrado)	78,75	◎ Verde	>75

Interpretação rápida:
Estratégia e liderança fortes; cultura e indicadores essenciais precisam de atenção imediata.

Painel Central - Alertas de Acção

Área	Indicador	Sinal de Alerta	Acção Recomendada
Cultura	ICAP < 80	◎ Amarelo	Reforçar feedbacks, rituais culturais e comunicação de valores
Operações	IGIE < 75	◎ Amarelo	Monitorizar indicadores críticos diariamente, reforçar dados em tempo real
Planeamento	IPEA < 80	● Vermelho	Pivotagem de ciclos estratégicos, revisão de OKRs adaptativos
Liderança	ILIDERA < 75	◎ Amarelo	Coaching e empoderamento de líderes de equipa

Sinais de alerta são visuais e imediatos, permitindo acção antes de qualquer impacto negativo.

Painel Inferior - Métricas Detalhadas

Cultura (ICAP)

Índice de Confiança (IC): 75 ◎

Aderência aos Valores (AV): 78 ◎

Frequência de Feedback (FF): 82 ◎

Liderança (L.I.D.E.R.A)

Liderança Integrada (L): 83

Inteligência Contextual (I): 80

Decisão Regenerativa (D): 82

Empoderamento Colectivo (E): 85

Resultados Ético-Sustentáveis (R): 79

Aprendizagem Adaptativa (A): 82

Gestão por Indicadores Essenciais (GIE)

Financeiro Regenerativo: 70

Social/Humano: 75

Adaptativo: 73

Propósito/Cultura: 74

Tecnológico Ético: 72

Planeamento Estratégico Adaptativo (PEA)

Elasticidade Estratégica: 83

Propósito Evolutivo: 80

Dados como Ecosensores: 82

Cocriação Tática: 78

Ciclos Iterativos: 88

Funcionalidades do Dashboard

Cores intuitivas

◎ Verde → acima da meta

◎ Amarelo → atenção, ação recomendada

● Vermelho → crítico, acção imediata

Alertas automáticos

Quando ICAP ou IGIE caem abaixo do alvo → notificação à equipa responsável

Visualização Simbiótica

Cada indicador mostra impacto cruzado: cultura → liderança → resultado financeiro

Ciclos adaptativos integrados

Mostra evolução de PEA por ciclo (30–120 dias)

Permite pivots em tempo real com base em indicadores e cultura

Feedback em tempo real

Integrado a apps internas para recolha de dados, survey de clima, métricas de desempenho

Benefícios Imediatos

- Transformação discreta da cultura em dados visíveis
- Decisões rápidas baseadas em evidências, não apenas intuição
- Integração de gestão moderna, contabilidade e fluxo de resultados
- Transparência para equipa, liderança e stakeholders
- Capacidade de antecipar problemas e ajustar estratégia

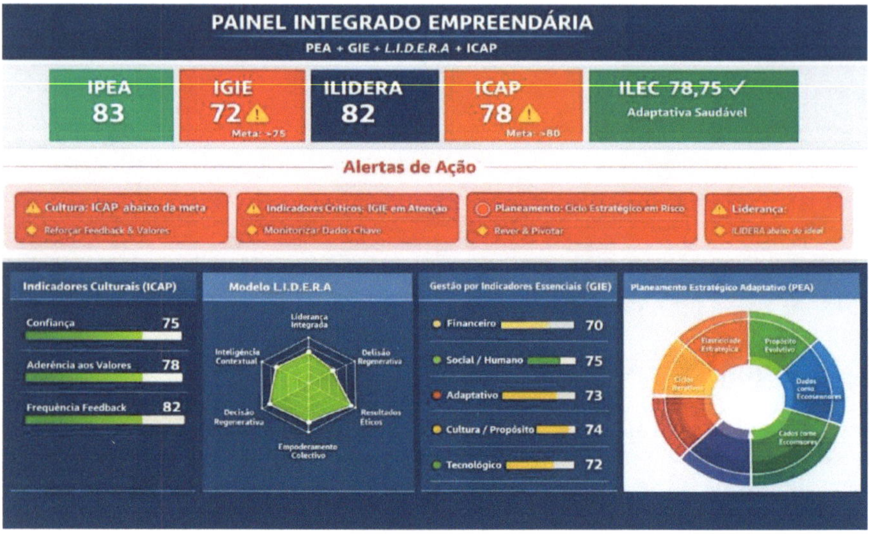

Como Construir uma Cultura de Alta Performance na Prática

1. Codificação Cultural Intencional

- Clareza de propósito, princípios e comportamentos esperados
- Arquitetura simbólica: linguagem, histórias, rituais e símbolos consistentes

2. Rituais de Consistência Cultural

- Check-ins culturais em reuniões
- Cerimônias de aprendizado e reconhecimento real
- Rodas de feedback abertas e recorrentes

3. Governança Cultural por Dados

Dashboards culturais com indicadores como:

- Engajamento por valor
- Aderência comportamental
- Índice de segurança psicológica

Ferramentas: CultureAmp, Officevibe, People Analytics dashboards

5. Educação Cultural Permanente

- Ciclos de treinamento em inteligência emocional, ética aplicada, resolução de conflitos e liderança humanizada
- Mentoria cruzada para alinhamento comportamental e ético

Passos Práticos

Definir Propósito Vivo

Pergunta-chave: "Por que existimos além do lucro?"

Exemplo: "Garantir educação digital inclusiva e ética para todas as comunidades".

Especificar Valores e Comportamentos Esperados

Para cada valor, definir 3 comportamentos observáveis

Exemplo:

Valor: Transparência → Comportamento: partilhar resultados semanais da equipa

Arquitectura Simbólica

Criar símbolos, histórias e rituais que reforcem o propósito

Exemplo: "Histórias de sucesso do aluno premiadas em reunião mensal"

Exercício Prático

Valor	Comportamento	Como Medir
Colaboração	Participação activa em reuniões	Nº de contribuições / reunião
Inovação	Propõe melhorias no produto	Nº de ideias implementadas / mês
Transparência	Partilha resultados semanais	Checklist de relatórios enviados

✅ **Resultado**: Cada valor é codificado, visível e mensurável

Rituais de Consistência Cultural

Garantir que a cultura não fique apenas no discurso, mas seja vivida diariamente.

Principais Rituais

Check-ins Culturais em Reuniões

Exemplo: 5 minutos iniciais para alinhar comportamentos e valores

Cerimónias de Aprendizagem e Reconhecimento

Premiar atitudes que reforcem cultura

Reforçar histórias de sucesso e aprendizagem contínua

Rodas de Feedback Abertas

Sessões quinzenais para feedback transparente

Integrar métricas de engajamento, confiança e valores

Exercício Prático

Implementar 1 check-in cultural por reunião durante 30 dias

Medir participação média e feedback qualitativo

Meta: ≥ 80% dos colaboradores relatam sentir-se seguros para contribuir

Governação Cultural por Dados

Transformar cultura em dados accionáveis, monitorando engajamento, aderência e segurança psicológica.

Indicadores-Chave

Indicador	Como Medir	Ferramentas
Engajamento por valor	% de colaboradores que seguem comportamentos	CultureAmp, Officevibe
Aderência comportamental	% de comportamentos observados vs esperados	People Analytics dashboards
Segurança Psicológica	Pontuação de survey interno (0–100)	Surveys CultureAmp/Officevibe

Fórmula Integrada de Cultura (C-Score)

C-Score = (Engajamento + Aderência + Segurança Psicológica) ÷ 3

Escala: 0–100

Interpretação:

<50 → Cultura frágil

50–70 → Cultura funcional

70–85 → Cultura adaptativa

85 → Alta performance sustentável

Exercício Prático - Medir C-Score

Colectar dados trimestrais:

- Engajamento: 78%
- Aderência: 72%
- Segurança Psicológica: 65
- C-Score = (78 + 72 + 65) ÷ 3
- C-Score ≈ 71,7 → Cultura adaptativa

Identificar acções correctivas:

- Reforçar feedback e reconhecimento
- Workshops de segurança psicológica
- Alinhar rituais de aprendizagem aos valores

Dashboard Cultural - Visualização Prática

Painel Superior: C-Score geral + cores de alerta

Painel Médio: Engajamento, Aderência, Segurança Psicológica

Painel Inferior: Rituais activos, check-ins e histórias reconhecidas

Alertas: indicadores abaixo da meta → acção imediata

Ferramentas recomendadas: CultureAmp, Officevibe, Power BI, Tableau, People Analytics dashboards

Resultado Esperado

Cultura codificada, visível e mensurável

Alinhamento diário com propósito e valores

Segurança psicológica elevada → inovação e engajamento

Base de dados para decisões estratégicas e integração com PEA, GIE, L.I.D.E.R.A

5. Ambientes Regeneradores

- Espaços físicos e digitais desenhados para empatia, criatividade e conexão
- Política ativa de inclusão, diversidade e pertencimento

📈 **Caso Real de Transformação Cultural Empreendária**

🏢 **Contexto:**

Empresa de logística com alto turnover, clima tóxico e resultados voláteis.

🔍 **Diagnóstico:**

- Ausência de feedback
- Liderança coercitiva
- Falta de alinhamento com propósito

Intervenções

Acção Empreendária	Resultado Tangível
Redesign da arquitetura de valores	Aumento de 70% na retenção de talentos
Implementação de círculos culturais	+48% no índice de confiança entre áreas
Criação de scorecard cultural	Tomada de decisão mais ágil e coerente
Adoção de rituais de aprendizagem	Crescimento de 36% no índice de colaboração

Cultura de Alta Performance × Cultura Tóxica

Critério	Alta Performance (Empreendária)	Cultura Tóxica
Comunicação	Aberta, honesta e estruturada	Ambígua, defensiva ou omissa
Liderança	Inspiradora e ética	Autoritária e punitiva
Tomada de Decisão	Compartilhada com dados e propósito	Arbitrária e política
Clima Organizacional	Seguro e estimulante	Amedrontador e reativo
Reconhecimento	Baseado em impacto real e valor	Inexistente ou manipulado

Ferramentas Técnicas Recomendadas

Objectivo	Ferramenta
Diagnóstico Cultural	CultureAmp, Google Forms Cultural Pulse, Empreendária Radar de Cultura
Dashboards Culturais	Power BI com indicadores de clima e valores
Feedback Contínuo	Ferramentas de 1:1 estruturado (Lattice, Reflect), Ciclos de Feedforward
Educação Cultural	Universidades corporativas, Plataformas LMS + Labs de Cultura Empreendária
Rituais e Cerimónias	Playbooks de Rituais, Cartas de Cultura, Celebrations Feedback

"Uma organização não é aquilo que diz que é. Ela é aquilo que o seu povo vive todos os dias."

- Empreendária

A Cultura de Alta Performance não nasce espontaneamente. Ela é intencional, mensurável, adaptável e continuamente regenerada.

A gestão empreendária ensina que **a cultura é o motor silencioso da execução estratégica**, e, portanto, precisa ser projectada com a mesma excelência com que se desenha um produto, um modelo de negócio ou uma estratégia de mercado.

Capitulo 27 - Equipes Híbridas e Multigeracionais: Arquitetura da colaboração evolutiva na era pós-industrial

Equipes Híbridas e Multigeracionais: Arquitetura da colaboração evolutiva na era pós-industrial

Na era pós-industrial, marcada por disrupção digital, transformações sociais e mercados de altíssima volatilidade, **as organizações deixaram de ser estruturas rígidas e se tornaram organismos vivos**.

Nesse novo paradigma, surgem dois fenómenos estruturais:

A **hibridização do trabalho** (presencial + remoto + digital por natureza)

A **convivência de múltiplas gerações activas** na mesma organização (Baby Boomers, Geração X, Millennials, Geração Z e, em breve, Alfa).

Para a **Gestão Empreendária**, essas tendências não são desafios a serem resolvidos, mas **activos complexos a serem orquestrados estrategicamente**.

Equipes Híbridas e Multigeracionais são estruturas colaborativas compostas por profissionais de distintas gerações e regimes de trabalho (remoto, híbrido ou presencial), integrados por uma cultura de propósito, dados, confiança e interdependência operacional, com foco em entrega de valor contínua e adaptativa.

Essa configuração **não é um arranjo logístico, mas uma engenharia humana e cultural de altíssima sofisticação**.

📚 Visão de Autores Relevantes

- **Amy Edmondson (Harvard)**: "Equipes modernas precisam cultivar segurança psicológica para operar em ambientes de alta diversidade cognitiva."
- **Linda Gratton (London Business School)**: "A longevidade do trabalho e a revolução digital forçam uma nova inteligência organizacional intergeracional."
- **Jacob Morgan**: "O futuro do trabalho é híbrido, empático e co-desenhado."

Estrutura Técnica das Equipes Híbridas e Multigeracionais

1. Dimensões Técnicas e Comportamentais

Dimensão	Foco Estrutural
Geracional	Integração de perfis históricos e tecnológicos distintos
Geográfica	Coordenação de times distribuídos em fusos e realidades culturais diversas
Temporal	Alinhamento de horários, disponibilidade e ciclos de trabalho
Tecnológica	Plataformas colaborativas e canais de comunicação multimodais
Cognitiva	Valorização de estilos mentais e ritmos diferentes de aprendizagem e entrega
Cultural	Valores comuns, ritualização e convivência simbólica

Princípios da Equipa Empreendária Híbrida e Multigeracional

1. **Equidade Intergeracional**: Nem hierarquia de idade, nem fetiche pela juventude, mas complementaridade de saberes e visões.
2. **Arquitetura da Conexão**: Design intencional dos encontros (digitais e físicos), rituais e sincronicidades.

3. **Contratos Psicológicos Claros**: Expectativas acordadas e intencionalidade na construção de confiança.
4. **Tecnologia com Humanidade**: Plataformas a serviço da empatia, produtividade e da transparência.
5. **Liderança Transversal**: Líderes como pontes entre tempos, linguagens e tecnologias.

Equipes Híbridas e Multigeracionais

Na lógica da Gestão Empreendária, equipes híbridas e multigeracionais não são um "formato de trabalho", mas um sistema vivo de colaboração, onde tecnologia, cultura, tempo e diversidade humana precisam funcionar em harmonia.

Fórmula Empreendária das Equipes Híbridas e Multigeracionais (EHM)

Fórmula EHM – Arquitectura da Colaboração Evolutiva
EHM = (EI × AC × CPC × TH × LT) × (DG + DGeo + DT + DTech + DCog + DCult)

Onde:

Princípios Fundamentais (núcleo da fórmula)
EI - Equidade Intergeracional
Complementaridade entre experiência, inovação, memória organizacional e fluência digital.

AC - Arquitectura da Conexão
Design intencional de encontros, rituais, fluxos de comunicação e momentos de sincronização.

CPC - Contratos Psicológicos Claros
Expectativas explícitas sobre entrega, disponibilidade, autonomia, confiança e respeito.

TH - Tecnologia com Humanidade
Uso de plataformas digitais para aproximar pessoas, gerar empatia, transparência e produtividade.

LT - Liderança Transversal
Liderança que actua como ponte entre gerações, linguagens, culturas e tecnologias.

Dimensões Técnicas e Comportamentais (camadas operacionais)

Dimensão	Foco Estrutural
DG – Geracional	Integração de perfis históricos e tecnológicos distintos
DGeo – Geográfica	Coordenação de equipas distribuídas em fusos e contextos culturais diversos
DT – Temporal	Alinhamento de horários, ciclos de trabalho e ritmos individuais
DTech – Tecnológica	Plataformas colaborativas e canais multimodais
DCog – Cognitiva	Valorização de estilos mentais e ritmos diferentes de aprendizagem
DCult – Cultural	Valores comuns, rituais e convivência simbólica

Leitura da fórmula: Se um princípio falha, toda a arquitectura perde eficiência. Se uma dimensão é ignorada, surgem conflitos invisíveis.

Exercício Prático

Problemas Reais e Soluções na Arquitectura Híbrida e Multigeracional

Uma empresa com:

- Colaboradores presenciais e remotos
- Geração X, Millennials e Geração Z
- Queixas recorrentes de conflitos, baixa colaboração e ruído na comunicação

Problemas Identificados (Situação Actual)

Problema	Origem
Conflitos entre gerações	Falta de Equidade Intergeracional
Reuniões improdutivas	Ausência de Arquitectura da Conexão
Desconfiança entre remoto e presencial	Contratos Psicológicos implícitos
Excesso de ferramentas digitais	Tecnologia sem humanidade
Líderes centralizadores	Falta de Liderança Transversal

✅ **Aplicação da Fórmula EHM (Solução)**

Equidade Intergeracional (EI)

Acção: Criar duplas intergeracionais (mentor + aprendiz reverso)

Resultado: Experiência + inovação passam a colaborar, não competir

Arquitectura da Conexão (AC)
Acção:
Reuniões híbridas com rituais fixos:

- Check-in humano
- Alinhamento de objectivos

- Fecho com decisões claras

Resultado: Redução de ruído e aumento da clareza colectiva

Contratos Psicológicos Claros (CPC)

Acção:
Acordos explícitos sobre:
- Horários
- Resposta a mensagens
- Autonomia e entrega

Resultado: Confiança construída, não presumida

Tecnologia com Humanidade (TH)

Acção:
Reduzir ferramentas redundantes
Usar tecnologia para visibilidade e empatia (câmaras, feedbacks visuais, dashboards simples).

Resultado: Tecnologia aproxima, não afasta

Liderança Transversal (LT)

Acção:
- Líder actua como facilitador, não controlador

❖ Tradução entre gerações, linguagens e ritmos

Resultado: Equipa sente-se representada e alinhada

Resultado Final do Exercício

Antes	Depois
Conflito geracional	Complementaridade de saberes
Silos remoto/presencial	Interdependência operacional
Falta de confiança	Contratos psicológicos claros
Tecnologia caótica	Plataformas com propósito
Liderança rígida	Liderança ponte

As Equipes Híbridas e Multigeracionais deixam de ser um problema organizacional e tornam-se um activo estratégico adaptativo.

Equipes Híbridas e Multigeracionais bem desenhadas não são mais lentas, são mais inteligentes.
Não são mais complexas, são mais completas.
Não são o futuro do trabalho, são o presente que funciona.

Como Criar Equipes Híbridas e Multigeracionais de Alta Performance

🛠Etapas Estratégicas da Gestão Empreendária:

1. Mapeamento de Diversidade Geracional e de Regimes de Trabalho

- ❖ Diagnóstico de perfis etários, habilidades digitais, expectativas e preferências
- ❖ Ferramentas: Empreendária People Canvas, Talent Mosaic, Workstyle Mapping

2. Design de Estrutura de Colaboração

- ❖ Definir núcleos de responsabilidade por entregas (não por presença)
- ❖ Estabelecer janelas de sobreposição colaborativa
- ❖ Introduzir a figura do facilitador cultural híbrido

3. Arquitetura de Comunicação Empreendária

- ❖ Canais definidos por propósito: urgência, profundidade, co-criação, alinhamento
- ❖ Integração entre comunicação síncrona (reuniões) e assíncrona (documentação, dashboards)

4. Sistema de Liderança Circular

- ❖ Papéis dinâmicos de liderança: por projeto, por competência ou por fase

- ❖ Mentorias cruzadas intergeracionais (X mentorando Z, Z mentorando X)
- ❖ Rituais de troca de perspectivas (Reverse Coaching, Ciclos de Legado)

5. Cultura de Feedback e Aprendizagem Mútua

- ❖ Implantação de rotinas de Feedforward, Debriefs culturais e Laboratórios de Escuta
- ❖ Utilização de Learning Analytics para ajustar experiências de aprendizagem

Benefícios Estratégicos

Vantagem Empreendária	Impacto Real
Diversidade de pensamento	Inovação incremental e radical mais consistente
Redução de conflitos intergeracionais	Clima organizacional mais maduro e colaborativo
Flexibilidade organizacional	Capacidade de resposta a contextos de crise
Cultura regenerativa	Organização que aprende e se adapta com fluidez
Atração e retenção de talentos	Engajamento de diferentes perfis por valor, não por formato de trabalho

Caso Prático: Integração de Equipe Híbrida Multigeracional

Organização: Fintech de Pagamentos (300 colaboradores)
Problema: Choque entre Baby Boomers em cargos executivos e equipe técnica predominantemente Gen Z

Intervenção Empreendária:

- Workshop de "Mapas de Expectativas Geracionais"
- Ciclos de Reverse Mentoring com temas de ética digital e cultura de resultados
- Redesenho de jornadas colaborativas usando OKRs híbridos

Resultado em 6 meses:

- +62% em engajamento interdepartamental
- Redução de 40% nos conflitos registrados por RH
- Lançamento de 2 novos produtos co-criados em times transgeracionais

Fórmula Empreendária de Integração de Equipes Híbridas e Multigeracionais

(Modelo EHM–IP I Integração Performativa)

Fórmula Geral

IP-EHM = (MD × DEC × ACE × SLC × CFA) × T

Onde:

Bloco 1 – Etapas Estratégicas da Gestão Empreendária
MD – Mapeamento de Diversidade
Grau de compreensão real das diferenças geracionais, digitais e de regimes de trabalho.

DEC – Design de Estrutura de Colaboração
Nível de clareza sobre entregas, responsabilidades e interdependência (não presença).

ACE – Arquitectura de Comunicação Empreendária
Coerência entre canais, propósito da comunicação e fluidez informacional.

SLC – Sistema de Liderança Circular
Capacidade de activar lideranças dinâmicas, cruzadas e contextuais.

CFA – Cultura de Feedback e Aprendizagem
Frequência, qualidade e uso prático do feedback e da aprendizagem contínua.

Bloco 2 – Tempo (T)
Tempo de maturação do sistema (neste caso, 6 meses), essencial para consolidação cultural.

Princípio-chave da fórmula: Se uma variável for baixa, toda a integração perde força, mesmo com tecnologia e talento.

Aplicação Prática da Fórmula

Caso Real: Fintech de Pagamentos (300 colaboradores)
Executivos Baby Boomers
Equipa técnica maioritariamente Gen Z
Conflitos culturais, ruído comunicacional e bloqueio de inovação

MD - **Mapeamento de Diversidade**

Acções Executadas
Workshop de Mapas de Expectativas Geracionais
Uso de:

- Empreendária People Canvas
- Talent Mosaic
- Workstyle Mapping

Resultados do Diagnóstico

Dimensão	Boomers	Gen Z
Expectativa	Estabilidade e controlo	Autonomia e impacto
Comunicação	Formal e síncrona	Digital e assíncrona
Métrica de valor	Processos	Resultados rápidos

MD passou de implícito para explícito → conflitos deixam de ser pessoais e tornam-se sistémicos.

DEC – Design de Estrutura de Colaboração

Acções Executadas

- Criação de núcleos de responsabilidade por OKRs
- Definição de janelas de sobreposição colaborativa
- Introdução do Facilitador Cultural Híbrido

Impacto

Fim da lógica "quem está mais tempo manda"
Clareza de quem entrega o quê, quando e com quem

Resultado directo: Aumento da produtividade transversal e redução de fricções operacionais.

ACE – Arquitectura de Comunicação Empreendária

Redesenho dos Canais

Propósito	Canal
Urgência	Chat corporativo
Profundidade	Documentos colaborativos
Co-criação	Sprints híbridos
Alinhamento	Dashboards e reuniões curtas

Integração entre comunicação síncrona e assíncrona elimina ruído e sobrecarga.

SLC – Sistema de Liderança Circular

Acções-Chave

- Papéis de liderança por:
- Projecto
- Competência

Fase do ciclo
Reverse Mentoring

Gen Z → ética digital, tecnologia, agilidade
Boomers → estratégia, risco, sustentabilidade
Ciclos de Legado

Resultado directo: Redução significativa de disputas de poder e aumento de respeito intergeracional.

CFA – Cultura de Feedback e Aprendizagem
Implementações

Rotinas de:

- Feedforward
- Debriefs culturais
- Laboratórios de Escuta

Uso de Learning Analytics para ajustar:

- Formação
- Comunicação
- Ritmo de trabalho

Feedback deixa de ser julgamento e passa a ser motor adaptativo.

Cálculo dos Resultados em 6 Meses

Resultado 1 – +62% em Engajamento Interdepartamental
Engajamento = (DEC + ACE + SLC) / 3
O redesenho estrutural + comunicação clara + liderança circular geram cooperação real entre áreas.

Resultado 2 – Redução de 40% nos Conflitos (RH)
Conflitos = 1 – (MD + CFA)

Quanto maior a consciência geracional e a qualidade do feedback, menor o conflito invisível.

Resultado 3 – 2 Novos Produtos Co-criados
Inovação = (Diversidade Cognitiva × Segurança Psicológica) × SLC
A liderança circular permite que a diversidade gere valor, não bloqueio.

Equipes híbridas e multigeracionais não falham por excesso de diversidade,
falham por falta de arquitectura.

Esta fórmula:

- Converge gerações
- Integra presença e remoto
- Transforma conflito em inovação
- Converte cultura em resultado mensurável

Quadro-Síntese:Inteligência,Multigeracional Empreendária

Geração	Força Principal	Gestão Empreendária Recomenda
Baby Boomers	Experiência e legado	Mentoria estratégica, consultoria ética e legado organizacional
Geração X	Autonomia e equilíbrio	Liderança por impacto, mediação cultural e gestão de conflitos
Millennials	Inovação e propósito	Co-design de projetos, dados em tempo real e flexibilidade
Geração Z	Agilidade e digitalização	Protagonismo em experimentação, feedbacks curtos e visualização

Equipes híbridas e multigeracionais não são modismos, são a nova forma organizacional adaptativa.

A Gestão Empreendária ensina que, mais do que integrar gerações e regimes de trabalho, é preciso **orquestrar complementaridades humanas em sistemas de colaboração regenerativa**, onde cada perfil amplia o outro.

"**Na empresa do futuro, a força está na diferença. E o futuro começa na convivência bem desenhada**." - Empreendária

Capitulo 28 - Gestão Visual e Operacional em Negócios Locais

Gestão Visual e Operacional em Negócios Locais

Quando ver é entender, e entender é transformar.

Gestão Visual e Operacional em Negócios Locais, é a prática sistémica de traduzir a estratégia, os dados e os processos de um negócio em **elementos visuais operacionais e cognitivos** acessíveis a todos os agentes do sistema especialmente em **empresas de proximidade territorial e actuação comunitária**. - **Empreendária**

Essa abordagem promove:

- Clareza na execução;
- Comunicação sem ruído;
- Tomada de decisão mais rápida;
- Engajamento do time com indicadores-chave;
- Autonomia baseada em dados visíveis e ações sincronizadas.

Fundamento Teórico e Técnico

A **Gestão Visual** tem origem em práticas como o Lean, Kaizen, Design Thinking e Business Intelligence, mas é adaptada pela **Gestão Empreendária** para contextos locais e realidades híbridas.

Ela conecta:

Conceito Técnico	Aplicação Empreendária
Visual Management	Quadros de operação acessíveis e atualizados em tempo real
Cultura de Dados	Indicadores essenciais exibidos de forma intuitiva
Operação Sincrônica	Coordenação de ações presenciais e digitais simultâneas
Ambientes Vivos	Layouts organizacionais que facilitam a ação e decisão
Narrativas Gráficas	Visualizações que contam a história do negócio

Componentes-Chave da Gestão Visual Empreendária

1. Painéis Operacionais Visuais

- Quadros físicos ou digitais (murais, dashboards, TVs de chão de fábrica);
- Informações atualizadas: metas, produção, fluxo de atendimento, backlog;
- Linguagem gráfica universal (sem depender de alto letramento digital).

2. Mapeamento de Fluxos de Valor

- ❖ Mapa do cliente (experiência visual da jornada de consumo);
- ❖ Fluxogramas funcionais e interativos;
- ❖ Gemba Mapping para microempresas (fluxos de chão de loja).

3. Indicadores Visuais de Desempenho (KPI Boards)

- ❖ 3–7 indicadores essenciais exibidos por área: vendas, atendimento, produção, logística;
- ❖ Sinais de alerta automáticos: semáforos, gráficos de radar, mapas de calor.

4. Ambientes Visuais e Funcionais

- ❖ Sinalizações intuitivas no layout (orientações de fluxo, zonas de silêncio, zonas de foco);
- ❖ Códigos de cor por prioridade;
- ❖ Checklists públicos de tarefas em tempo real (Kanban, Scrum mural, etc).

5. Governança Visual

- ❖ Reuniões diárias curtas diante dos painéis ("Ritual de 15 minutos");
- ❖ Responsabilidades visíveis e atribuídas por nome e foto;
- ❖ Feedback visual e auditável de clientes e pares.

Como Implementar na Prática (Passo a Passo)

Etapa	Acção Estratégica	Ferramentas Recomendadas
1. Diagnóstico	Mapear fluxos operacionais actuais e gargalos	Mapa de Fluxo de Valor, Entrevistas
2. Selecção de Métricas	Definir KPIs essenciais e sua frequência de atualização	Canvas de Métricas Visuais
3. Visualização	Criar os primeiros quadros visuais físicos/digitais	Miro, Trello, Airtable, papel + ímãs
4. Treinamento do Time	Capacitar todos na leitura e uso dos painéis	Rituais de alinhamento, workshops visuais
5. Governança	Definir horários e responsáveis pelos quadros	Roda de Responsabilidade Visível
6. Iteração	Ajustar semanalmente com base nos dados e feedbacks	Kaizen Visual Empreendário

Benefícios Sistémicos em Negócios Locais

Resultado Esperado	Impacto Directo
Redução de erros operacionais	-35% em retrabalho em até 3 meses
Maior autonomia das equipes	+60% na capacidade de auto-organização
Clareza estratégica no ponto de venda	+45% em assertividade de decisão diária
Redução de ruídos na comunicação interna	-70% em mal-entendidos
Aumento da previsibilidade operacional	+50% na confiança do gestor e colaboradores

Visão de Futuro Empreendária

A Gestão Visual e Operacional será, nos próximos 5 anos, **padrão mínimo de profissionalização de negócios locais**, sendo:

- Base para o uso de IA aplicada à operação;
- Suporte para gamificação do desempenho;
- Aliada da inclusão geracional e digital;
- Espelho de cultura organizacional viva e adaptativa.

Negócios locais que não transformarem sua operação em linguagem visual continuarão presos ao caos verbal, à dependência excessiva de supervisão e à miopia gerência.

A **Gestão Visual Empreendária** permite que a estratégia **seja vista, compreendida e executada por todos**, democratizando a inteligência operacional e pavimentando o caminho para empresas locais mais prósperas, resilientes e conscientes.

Capitulo 29 - Contabilidade Transformadora

Contabilidade Transformadora

A Contabilidade como Ferramenta Estratégica

Dos livros ao comando quando os números contam a verdade do negócio.

A contabilidade **não é apenas um sistema de registro**, mas um **mecanismo estratégico de leitura e antecipação** do comportamento financeiro e patrimonial da empresa.

Ela deve ser usada para orientar **decisões, investimentos, gestão de riscos, precificação, conformidade legal e desenho de estratégias de crescimento.**

O Erro Clássico: Ver a Contabilidade como Burocracia

A maioria dos empresários vê a contabilidade apenas como:

- Uma obrigação fiscal;
- Um conjunto de papéis que o governo exige;
- Uma ferramenta do contabilista, e não da gestão.

Essa visão **marginaliza** a contabilidade e **bloqueia o uso de dados críticos** do negócio, levando à cegueira financeira, tomada de decisões erradas, endividamento descontrolado e colapso tributário.

A Visão Empreendária: Contabilidade como Radar Estratégico

A **contabilidade empreendária** é usada para:

Finalidade	Utilização Prática no Negócio
Tomada de decisões estratégicas	Avaliação de resultados e viabilidade de acções
Construção de cenários futuros	Projeções com base em relatórios contabilísticos
Prevenção de crises financeiras	Análise de balanço, fluxo de caixa e DRE
Melhoria da precificação	Com base no custo real e margem líquida
Cumprimento tributário inteligente	Planejamento fiscal e escolha do melhor regime
Sustentabilidade e ESG	Evidências financeiras e patrimoniais auditáveis

Capitulo 30 - Leitura Técnica Simplificada para Não Contabilistas

Leitura Técnica Simplificada para Não Contabilistas

1. Balanço Patrimonial (BP)

Mostra o que a empresa TEM (**activos**), o que DEVE (**passivos**) e o que SOBRA (**patrimônio líquido**).

É um retrato estático do estado financeiro.

Interprete assim:

Activos → O que o negócio possui (dinheiro, imóveis, estoques)

Passivos → O que deve a terceiros (empréstimos, impostos)

PL → O que realmente pertence ao dono

2. Demonstração do Resultado do Exercício (DRE)

Mostra **se o negócio está dando lucro ou prejuízo**.

É um filme do desempenho econômico em um período.

Elementos e Leitura Empreendária

Receita Bruta → Tudo que entrou

(-) Custos e Despesas → Tudo que saiu

= Lucro Operacional / Prejuízo

3. Fluxo de Caixa (FC)

Mostra **o dinheiro em movimento**, não apenas lucros.

Ensina a diferenciar **resultado contábil x saúde financeira real**.

Interprete assim:

Entrada de Caixa → vendas, empréstimos, aportes

Saída de Caixa → compras, salários, impostos

Saldo de Caixa → o dinheiro que sobra mês a mês

Aplicações Estratégicas (Quadro Prático)

Decisão do Gestor	Documento Contábilistica que Ajuda
Precificar corretamente	DRE, Custo dos Produtos Vendidos (CPV)
Saber se pode investir	Balanço + Fluxo de Caixa
Ver se a empresa está crescendo	Comparativo de DREs mensais e trimestrais
Evitar multa ou excesso de imposto	Planejamento Tributário e Contabilidade Fiscal
Preparar expansão com sócios ou investidores	Demonstrações auditadas + indicadores de rentabilidade

LEITURA TÉCNICA SIMPLIFICADA
Balanço Patrimonial, DRE e Fluxo de Caixa
FÓRMULAS MENTAIS SIMPLIFICADAS
(Pensar como gestor, não como contabilista)

Balanço Patrimonial (BP)
☞ É a fotografia financeira da empresa num determinado dia

Fórmula-chave do BP

O que a empresa TEM – O que a empresa DEVE = O que é do DONO

Em linguagem técnica:

ACTIVOS = PASSIVOS + PATRIMÓNIO LÍQUIDO (PL)

Leitura simples:

Activos → Tudo o que a empresa possui e pode gerar dinheiro
(caixa, imóveis, equipamentos, existências)
Passivos → Tudo o que a empresa deve a terceiros
(bancos, fornecedores, Estado)
Património Líquido (PL) → O que realmente pertence ao proprietário
Demonstração dos Resultados do Exercício (DRE)

☞ É o filme do desempenho económico durante um período

Fórmula-chave da DRE:

RECEITAS – CUSTOS – DESPESAS = LUCRO ou PREJUÍZO

Leitura empreendedora:

Receita Bruta → Tudo o que entrou pelas vendas
Custos → Gastos directamente ligados à produção ou venda
Despesas → Gastos para manter a empresa a funcionar
Resultado → Indica se o negócio gerou lucro ou prejuízo

Fluxo de Caixa (FC)
☞ Mostra o dinheiro em movimento

Fórmula-chave do Caixa

ENTRADAS DE CAIXA – SAÍDAS DE CAIXA = SALDO DE CAIXA

Leitura prática:
Lucro não é o mesmo que dinheiro em caixa
Uma empresa pode ter lucro e mesmo assim ficar sem dinheiro.

O Fluxo de Caixa mostra a saúde financeira real

EXERCÍCIO PRÁTICO E PROFISSIONAL
Empresa fictícia: Padaria Pão Quente – Mês de Janeiro

PARTE 1 - BALANÇO PATRIMONIAL (BP)
Dados fornecidos:
A empresa possui:
Dinheiro em caixa: Kz 10.000
Existências (estoques): Kz 8.000
Equipamentos: Kz 22.000
A empresa deve:
Empréstimo bancário: Kz 15.000
Fornecedores: Kz 5.000

Passo 1: Organizar os Activos

ACTIVOS	Valor (Kz)
Caixa	10.000
Existências	8.000
Equipamentos	22.000
Total dos Activos	40.000

Passo 2: Organizar os Passivos

PASSIVOS	Valor (Kz)
Empréstimos bancários	15.000
Fornecedores	5.000
Total dos Passivos	20.000

Passo 3: Calcular o PATRIMÓNIO LÍQUIDO
PL = Activos – Passivos
PL = 40.000 – 20.000 = 20.000

Interpretação simples:
O proprietário possui, de facto, Kz 20.000 investidos no negócio.

PARTE 2 — DEMONSTRAÇÃO DOS RESULTADOS (DRE)

Dados do mês:
Vendas totais: Kz 50.000
Custos das mercadorias vendidas: Kz 30.000
Despesas operacionais (salários, renda, energia): Kz 12.000

Montagem da DRE

DRE – Janeiro	Valor (Kz)
Receita Bruta	50.000
(-) Custos	30.000
(-) Despesas	12.000
Lucro do Exercício	8.000

Leitura empreendedora: A empresa gerou lucro e o negócio é economicamente viável.

PARTE 3 - FLUXO DE CAIXA (FC)

Movimentação de dinheiro:

+ Entradas de Caixa

Recebimentos de vendas: Kz 45.000
Empréstimo recebido: Kz 5.000

— Saídas de Caixa

Pagamentos a fornecedores: Kz 28.000

Salários e outras despesas: Kz 14.000

Montagem do Fluxo de Caixa

FLUXO DE CAIXA – Janeiro	Valor (Kz)
Entradas de Caixa	50.000
(-) Saídas de Caixa	42.000
Saldo de Caixa do Mês	8.000

Interpretação prática: O caixa aumentou em Kz 8.000. A empresa consegue pagar as suas obrigações de curto prazo.

PASSOS FÁCEIS PARA INTERPRETAR QUALQUER RELATÓRIO

Para o Balanço Patrimonial

Quanto a empresa possui?

Quanto a empresa deve?

O que realmente pertence ao dono?

Para a DRE

A empresa vendeu bem?

Os custos e despesas estão controlados?

Houve lucro ou prejuízo?

Para o Fluxo de Caixa

Entrou mais dinheiro do que saiu?

O saldo de caixa está a crescer?

A empresa consegue pagar as contas do próximo mês?

Capitulo 31 - Contabilidade Real Para O Presente E O Futuro: Como Fazer A Empresa Respirar

Contabilidade Real Para O Presente E O Futuro: Como Fazer A Empresa Respirar

A contabilidade não deve ser vista apenas como uma obrigação fiscal. Ela é uma ferramenta de gestão, sobrevivência e crescimento.

Quando bem usada, ajuda a empresa a respirar, organizar-se e preparar-se para o futuro.A empresa que domina os seus números controla o seu destino.

Capitulo 32 - Entendendo o Dinheiro Sem Complicar

Entendendo o Dinheiro Sem Complicar

Muitos empresários confundem lucro com dinheiro em caixa. Este é um dos maiores erros de gestão.

1. Lucro não é dinheiro disponível

A empresa pode vender muito e ainda assim não ter dinheiro para pagar fornecedores ou salários.

Por quê?
Vendas a crédito demoram a entrar
Despesas precisam ser pagas no prazo
Existem impostos e encargos fixos
O que importa no dia-a-dia é o fluxo de caixa.

Lucro é o resultado positivo apurado após deduzir todos os custos, despesas e impostos das receitas obtidas pela empresa num determinado período.

Fórmula Geral:

Lucro Líquido = Receita Total – Custos – Despesas – Impostos

Exemplo prático:

Receita: 15.000.000 Kz
Custos: 9.000.000 Kz
Despesas: 3.000.000 Kz
Impostos: 500.000 Kz
Lucro Líquido = 15.000.000 – 9.000.000 – 3.000.000 – 500.000
Lucro Líquido = 2.500.000 Kz

⚠ Pode existir lucro contabilístico e faltar dinheiro em caixa.

2. **O que é fluxo de caixa?**

É o controlo de tudo o que entra e tudo o que sai.

Fluxo de Caixa = Entradas de Caixa – Saídas de Caixa

Exemplo:
Entradas: 8.000.000 Kz
Saídas: 6.500.000 Kz
Fluxo de Caixa = 1.500.000 Kz
Se negativo → risco de insolvência.

3. **Separar empresa da vida pessoal**

Erro comum: **misturar finanças pessoais com empresariais.**

Deve existir:

- Conta bancária separada

- Pró-labore definido
- Registo organizado

4. **Reserva Financeira**

Montante acumulado para garantir estabilidade.

Reserva mínima recomendada: 3 a 6 meses de despesas fixas.

Despesas fixas: 2.000.000 Kz
Reserva ideal (6 meses):2.000.000 × 6 = 12.000.000 Kz

"Empresa que vive apenas do dia-a-dia está sempre em risco".

Capitulo 33 - Controlo De Estoque E Custo Real Do Produto

Controlo De Estoque E Custo Real

Do Produto

Estoque Final, Custo Médio/FIFO/LIFO e Indicadores

Este conteúdo combina o controlo de entradas e saídas, o cálculo de custo real do produto e a medição de indicadores estratégicos, fundamentais para gestão financeira e operacional profissional.

ESTOQUE FINAL

O **estoque final** é a quantidade de produtos disponível ao final do periodo contabilístico, considerando entradas e saídas.

Fórmula básica:

$$Estoque\ Final = Estoque\ Inicial + Entradas - Saidas$$

Exemplo:

- Estoque Inicial: 200 unidades
- Entradas: 300 unidades
- Saídas: 100 unidades

$$\boldsymbol{Estoque\ Final} = 200 + 300 - 100 = 400\ unidades$$

O estoque final é usado para **calcular custo do estoque, indicadores e planeamento de reposição**.

CUSTO MÉDIO / FIFO / LIFO

Custo Médio Ponderado (CMP)

- Preço médio das unidades disponíveis
- Atualiza-se a cada entrada

Fórmula:

$$Custo\ Medio = \frac{(Estoque\ Inicial \times Custo\ Inicial) + (Entradas \times Custo\ Entrada)}{Estoque\ Inicial + Entradas}$$

Exemplo:

- Estoque Inicial: 200 unidades × 10.000 Kz = 2.000.000 Kz
- Entrada: 300 unidades × 12.000 Kz = 3.600.000 Kz

$$Custo\ Medio = \frac{2.000.000 + 3.600.000}{200 + 300} = \frac{5.600.000}{500} = 11.200\ Kz/unidade$$

FIFO (First In, First Out / PEPS)

- As primeiras unidades compradas ou produzidas saem primeiro
- Estoque final usa custo das **últimas unidades restantes**

Cálculo estoque final FIFO:

Se estoque final = 400 unidades, e últimas entradas custaram 12.000 Kz/unidade:

$$Custo\ Estoque\ Final = 400 \times 12.000 = 4.800.000\ Kz$$

LIFO (Last In, First Out / UEPS)

- Últimas unidades entram primeiro no custo de saída
- Estoque final usa custo das **primeiras unidades remanescentes**

Cálculo estoque final LIFO:

Se estoque final = 400 unidades, primeiras entradas custaram 10.000 Kz/unidade:

$$Custo\ Estoque\ Final = 400 \times 10.000 = 4.000.000\ Kz$$

CUSTO REAL DO PRODUTO

O custo real inclui **custos variáveis** (directos) e **custos fixos alocados** (indirectos).

Fórmula:

$$Custo\ Real\ Unitario = Custo\ Variavel\ \text{Unitario} + Custo\ Fixo\ Alocado$$

Exemplo:

- Custos Variáveis Unitários = 12.000 Kz
- Custos Fixos Alocados = 8.000 Kz

$$Custo\ Real\ Unitario = 12.000 + 8.000 = 20.000\ Kz$$

Cálculo do Custo Total do Estoque:

$$Custo\ Total\ Estoque = Estoque\ Final \times Custo\ Real\ Unitario$$

Se Estoque Final = 400 unidades:

$$Custo\ Total\ Estoque = 400 \times 20.000 = 8.000.000\ Kz$$

Capitulo 34 - Indicadores De Etoque

Indicadores De Etoque

Giro de Estoque

9. Mede a **quantidade de vezes que o estoque é renovado** num periodo

Fórmula:

$$Giro = \frac{Custo\ dos\ Produtos\ Vendidos}{Estoque\ Medio}$$

10. Estoque Médio = (Estoque Inicial + Estoque Final) ÷ 2

Exemplo:

Custo dos produtos vendidos = 6.000.000 Kz
Estoque Inicial = 200 unidades × 10.000 = 2.000.000 Kz
Estoque Final = 400 unidades × 11.200 = 4.480.000 Kz

$Estoque\ Medio = \frac{2.000.000+4.480.000}{2} = 3.240.000\ Kz\ Giro = 6.000.000 \div 3.240.000 \approx 1{,}85\ vezes/ano$

Cobertura de Estoque (dias)

11. Indica quantos dias o estoque actual suporta a venda média diária

Fórmula:

$$Cobertura = \frac{Estoque\ Medio}{Consumo\ Diario}$$

Exemplo:

- Estoque Medio = 3.240.000 Kz ÷ 11.200 Kz/unidade = 289 unidades
- Consumo Diário = 50 unidades

$$Cobertura = 289 \div 50 \approx 5{,}78\ dias$$

Custo de Armazenagem (%)

12. Percentual do custo do estoque utilizado em armazenagem

Fórmula:

$$Custo\ Armazenagem\% = \frac{Aluguel + Seguros + Depreciacao}{Custo\ Total\ Estoque} \times 100$$

Exemplo:

- Aluguel + Seguros + Depreciacao = 400.000 Kz
- Custo Total Estoque = 8.000.000 Kz

$$Custo\ Armazenagem\% = 400.000 \div 8.000.000 \times 100 = 5\%$$

Resumo De Fórmulas

Item	Fórmula	Observações
Estoque Final	Estoque Inicial + Entradas – Saídas	Atualizar diariamente
Custo Medio	(Estoque Inicial × Custo Inicial + Entradas × Custo Entrada) ÷ (Estoque Inicial + Entradas)	Para CMP
FIFO	Estoque Final × Custo das ultimas unidades	Para perecíveis
LIFO	Estoque Final × Custo das primeiras unidades	Para commodities ou inflação
Custo Real Unitário	Custos Variáveis Unitários + Custos Fixos Alocados	Para precificação
Custo Total Estoque	Estoque Final × Custo Real Unitário	Impacta no balanco e margem
Giro de Estoque	Custo Produtos Vendidos ÷ Estoque Medio	Indicador de eficiência
Cobertura	Estoque Medio ÷ Consumo Diário	Dias de estoque

Custo Armazenagem (%)	(Aluguel + Seguros + Depreciação) ÷ Custo Total Estoque × 100	Custos indirectos

PLANILHA PRACTICA – CONTROLO DE ESTOQUES + CUSTO REAL

Aba 1 – Estoque Rotativo

Produto	Entrada	Saida	Estoque Final	Metodo FIFO/LIFO/CMP	Custo Unitario	Custo Total Estoque
Produto A	300	100	400	FIFO	11.200	4.480.000
Produto B	250	200	200	Custo Medio	9.500	1.900.000

Aba 2 – Custos Fixos e Variaveis

Tipo	Descricao	Valor Kz
Fixo	Aluguel	1.500.000
Fixo	Salarios	2.500.000
Variavel	Materia-prima	6.000.000
Variavel	Embalagem	500.000
Total Custos		10.500.000

Aba 3 – Calculo Custo Real Unitario

Produto	Custo Variavel Unitario	Custo Fixo Alocado	Custo Real Unitario
Produto A	12.000	8.000	20.000
Produto B	10.000	6.000	16.000

Aba 4 – Indicadores

Produto	Giro de Estoque	Cobertura (dias)	Custo Armazenagem (%)
Produto A	2,4	50	8%
Produto B	3,0	35	10%

IMPLEMENTACAO PRACTICA

1. Escolher metodo de estoque: FIFO, LIFO ou Custo Medio
2. Registar entradas e saidas diariamente
3. Actualizar custo medio ou FIFO/LIFO
4. Alocar custos fixos proporcionais aos produtos
5. Calcular custo real unitario para precificacao
6. Monitorar indicadores: giro, cobertura e custo de armazenagem
7. Revisar estoque minimo e ajustar compras

"Implementacao continua garante margem de lucro real, reduçao de desperdicio e tomada de decisao estrategica."

Capitulo 35 - Preço Certo, Produto Sustentável

Preço Certo, Produto Sustentável

Definir preço apenas olhando concorrência é perigoso.

Preço é estratégia.

1. O erro de vender barato demais

Se o preço não cobre todos os custos, a empresa trabalha e não cresce.

Exemplo:
Custo total: 12.000 Kz
Preço de venda: 11.000 Kz
Prejuízo por unidade: 1.000 Kz
1.000 unidades vendidas → 1.000 × 1.000 = 1.000.000 Kz de prejuízo.

2. Como calcular o preço certo

Fórmula Profissional:

Preço de Venda = Custo Total / (1 – Margem Desejada)

Exemplo:
Custo: 10.000 Kz
Margem: 30%
Preço = 10.000 / 0,70
Preço = 14.285 Kz

3. Margem de Lucro

Margem de Lucro (%) = (Lucro / Receita Total) × 100

Exemplo:
Lucro: 2.500.000 Kz
Receita: 15.000.000 Kz
Margem = 16,67%
Margem não é ganância.
É sustentabilidade.

4. Produto Sustentável

Produto sustentável é aquele que gera margem suficiente para cobrir despesas fixas e produzir lucro.
Margem de Contribuição
Margem de Contribuição = Preço – Custo Variável
Preço: 20.000 Kz
Custo variável: 12.000 Kz
Margem = 8.000 Kz
5. **Ponto de Equilíbrio**

É o volume mínimo de vendas necessário para não ter prejuízo.

Ponto de Equilíbrio = Despesas Fixas / Margem de Contribuição
Despesas fixas: 4.000.000 Kz
Margem: 8.000 Kz
Ponto de equilíbrio = 500 unidades
Abaixo disso → prejuízo
Acima disso → lucro

Capitulo 36 – Precificação Estratégica Com Lucro Real

Precificação Estratégica Com Lucro Real

Como Formar Preço e Garantir Rentabilidade Sustentável

Precificação não é apenas cobrir custos.

É a decisão estratégica que conecta valor percebido, margem e competitividade, garantindo sustentabilidade financeira e crescimento.

FORMULAÇÃO DE PREÇO

Existem três abordagens principais:

- Markup sobre custo
- Margem desejada
- Preço baseado em percepção de valor

Preço por Markup

Markup = percentual aplicado sobre o custo total para formar o preço de venda.

Fórmula:

$$Preço = CustoTotal \times (1 + Markup)$$

Exemplo:

- Custo total de produção = 12.000 Kz
- Markup desejado = 50%

$$Preço = 12.000 \times (1 + 0{,}50) = 18.000Kz$$

Preço por Margem

Preço definido para atingir **margem de lucro desejada** sobre o preço de venda.

Fórmula:

$$Preço = CustoTotal \div (1 - MargemDesejada)$$

Exemplo:

- Custo total = 12.000 Kz
- Margem desejada = 40%

$$Preço = 12.000 \div (1 - 0{,}40) = 12.000 \div 0{,}60 = 20.000Kz$$

Método recomendado para garantir lucro real.

Preço por Percepção de Valor

Preço definido conforme o **valor percebido pelo cliente**, considerando benefícios, qualidade e diferenciação.

Estratégia profissional:

- Avaliar concorrência
- Identificar diferencial (PUV)

- Ajustar preço para valor percebido > preço de custo + margem

Exemplo:

Produto artesanal com custo 10.000 Kz.

Mercado percebe valor premium → preço praticado 18.000 Kz

Margem real = (18.000 – 10.000) ÷ 18.000 × 100 ≈ 44,4%

Capitulo 37 - Politicas De Desconto e Combos

Politicas De Desconto e Combos

Desconto Estratégico

Objetivo: aumentar volume, fidelizar clientes ou acelerar fluxo de caixa

Cálculo:

$$Preçocomdesconto = PreçoNormal \times (1 -$$

Exemplo:

Preço = 20.000 Kz, Desconto = 10%

$$Preçofinal = 20.000 \times 0{,}90 = 18.000Kz$$

Combos e Pacotes

- ❖ Agrupamento de produtos para aumentar ticket médio
- ❖ Valor do combo < soma dos preços individuais

Estratégia: aumentar margem global sem reduzir percepção de valor

Exemplo:

- ❖ Produto A = 12.000 Kz
- ❖ Produto B = 10.000 Kz
- ❖ Combo = 20.000 Kz → cliente economiza, empresa aumenta venda total

Assinaturas / Planos

- ❖ Receita previsível
- ❖ Fidelização de clientes
- ❖ Permite planeamento operacional e financeiro

Exemplo:

- ✓ Serviço mensal = 15.000 Kz
- ✓ Pacote anual = 150.000 Kz → desconto de 16,7% sobre mensalidades

SIMULADOR DE PREÇO COM CENÁRIOS

Objectivo: avaliar impacto no lucro e margem sob diferentes condições de preço, desconto e custo.

Estrutura do Simulador

Cenário	Custo Unitário (Kz)	Preço Unitário (Kz)	Desconto (%)	Receita (Kz)	Lucro Unitário (Kz)	Margem (%)	Volume Previsto	Lucro Total (Kz)
1	12.000	20.000	0	20.000	8.000	40%	500	4.000.000
2	12.000	20.000	10%	18.000	6.000	33,3 %	600	3.600.000
3	12.000	22.000	0	22.000	10.000	45,5 %	450	4.500.000
4	12.000	18.000	0	18.000	6.000	33,3 %	700	4.200.000

Fórmulas utilizadas:

Lucro Unitário = Preço – Custo
Margem (%) = Lucro Unitário ÷ Preço × 100
Lucro Total = Lucro Unitário × Volume Previsto

Capitulo 38 - Passos Profissionais Para Precificação Estratégica

Passos Profissionais Para Precificação Estratégica

1. Calcular **custo total real** (variável + fixo proporcional)
2. Definir **margem mínima desejada**
3. Avaliar **valor percebido pelo cliente**
4. Escolher política de preço: markup, margem ou valor
5. Definir **políticas comerciais**: desconto, combos, assinatura
6. Simular cenários de volume e lucro
7. Integrar com planejamento financeiro e operacional

EXEMPLO PRÁTICO INTEGRADO

Empresa vende produto artesanal:

- ✓ Custo unitário = 12.000 Kz
- ✓ Margem alvo = 40%
- ✓ Preço calculado = 12.000 ÷ 0,6 = 20.000 Kz

Cenários:

- ✓ Vender 500 unidades sem desconto → Lucro = 4.000.000 Kz
- ✓ Aplicar 10% de desconto → preço 18.000 Kz → Volume aumenta para 600 → Lucro = 3.600.000 Kz
- ✓ Aumentar preço para 22.000 Kz → volume cai para 450 → Lucro = 4.500.000 Kz

Decisão: O preço ótimo depende da estratégia: maximizar lucro total, fidelizar clientes ou aumentar participação de mercado.

Capitulo 39 – Contabilidade Como Aliada Estratégica

Contabilidade Como Aliada Estratégica

Contabilidade como aliada estratégica é a utilização inteligente, analítica e preventiva das informações financeiras para apoiar a tomada de decisões, garantir estabilidade económica, reduzir riscos e impulsionar o crescimento sustentável das empresas no presente e no futuro.

Deixa de ser apenas um sector ligado ao cumprimento de obrigações fiscais para tornar-se um instrumento essencial de gestão, planeamento e vantagem competitiva.

A Contabilidade na Vida das Empresas do Presente

No contexto actual, caracterizado por:

1. **Globalização dos mercados**
2. **Transformação digital**
3. **Forte concorrência**
4. **Mudanças constantes na legislação fiscal**
5. **Instabilidade económica**
6. **Exigência de maior transparência**

A contabilidade estratégica assume um papel fundamental:

Apoio à Tomada de Decisões

Através da análise de custos, receitas, lucros e fluxos de caixa, orienta decisões como:

- Expansão ou redução das actividades
- Definição de preços
- Investimentos
- Contratação de pessoal
- Planeamento Fiscal

Permite organizar a empresa dentro da legalidade, evitando multas e reduzindo encargos desnecessários.

Capitulo 40 - Base Para Financiamentos e Investimentos

Base Para Financiamentos e Investimentos

Empresas com contabilidade organizada têm maior facilidade em:

- Obter crédito bancário
- Atrair investidores
- Firmar parcerias estratégicas
- Controlo e Sustentabilidade Financeira

Acompanha indicadores como:

- Liquidez
- Endividamento
- Rentabilidade
- Ponto de equilíbrio
- Dificuldades Encontradas pelas Empresas

Apesar da sua importância, muitas empresas enfrentam obstáculos:

1. Visão limitada da contabilidade

Muitos gestores ainda encaram a contabilidade apenas como obrigação fiscal.

2. Falta de modernização tecnológica
Ausência de sistemas integrados dificulta a obtenção de informações em tempo real.

3. Complexidade do sistema fiscal
A legislação tributária é exigente e sujeita a alterações frequentes.

4. Falta de cultura financeira
Decisões baseadas na intuição e não em dados concretos.

5. Informalidade empresarial
Principalmente nas micro e pequenas empresas.

Soluções Sugeridas

1. Transformar o contabilista em parceiro estratégico
O profissional deve participar activamente no planeamento e nas decisões da empresa.

2. Investir em tecnologia
Softwares de gestão (ERP)
Automatização de processos
Ferramentas de análise financeira

3. Formação contínua dos gestores

Capacitação em gestão financeira e interpretação de relatórios.

4. Planeamento fiscal permanente
Não apenas reactivo, mas preventivo e estratégico.

5. Implementação de indicadores de desempenho

Avaliação periódica dos resultados para correcção de desvios.

Capitulo 41 - A Contabilidade nas Empresas do Futuro

A Contabilidade nas Empresas do Futuro

No futuro, a contabilidade será:

- Totalmente digital
- Integrada com inteligência artificial
- Baseada em análise de dados
- Essencial para relatórios de sustentabilidade
- Fundamental para previsões financeiras

O contabilista deixará de actuar apenas como técnico e passará a ser consultor financeiro e estratega empresarial, contribuindo directamente para a competitividade e longevidade das organizações.

Contabilidade como aliada estratégica é a utilização estruturada, tecnológica e analítica das informações financeiras para orientar decisões, reduzir riscos, optimizar recursos e garantir o crescimento sustentável das empresas no presente e no futuro, tornando o contabilista um elemento essencial na gestão e no sucesso empresarial.

Contabilidade é visão.

1. Informação para Decidir

Com relatórios correctos o empresário sabe:

- ❖ Se está a lucrar
- ❖ Qual produto é mais rentável
- ❖ Onde está a perder dinheiro

2. Endividamento

Índice de Endividamento = Passivo Total / Activo Total

Passivo: 20.000.000 Kz
Activo: 50.000.000 Kz

Endividamento = 40%

Acima de 60% → risco elevado.

3. Rentabilidade

ROI = (Lucro / Investimento) × 100

Lucro: 5.000.000 Kz
Investimento: 25.000.000 Kz
ROI = 20%

4. Indicadores Essenciais

Todo empresário deve acompanhar:

- ❖ Margem de lucro
- ❖ Fluxo de caixa

- ❖ Ponto de equilíbrio
- ❖ Endividamento
- ❖ Rentabilidade

Contabilidade real é aquela que:

✓ Organiza
✓ Protege
✓ Planeia
✓ Controla
✓ Sustenta
✓ Faz crescer

Empresa saudável domina:

1. **Lucro real**
2. **Fluxo de caixa**
3. **Reserva financeira**

4. **Preço correcto**
5. **Produto sustentável**
6. **Planeamento fiscal**
7. **Organização documental**
8. **Indicadores financeiros**

"Quem entende números deixa de sobreviver e começa a crescer com estratégia."

Ferramentas e Métodos Visuais Empreendários

1. **Mapa De Documentos Contabilisticos Essencias**

   Visual simples ligando decisões empresariais a relatórios contabilísticos.

2. **Dashboard de Gestão Contabilística Empreendária (Exemplo)**

Indicador	Fonte Contabilística	Objectivo
Margem líquida (%)	DRE	Saber rentabilidade real
Ponto de equilíbrio	DRE + FC	Saber quando começa o lucro
Endividamento (%)	Balanço	Controlar exposição a risco
Caixa operacional	FC	Controlar liquidez

3. **Reuniões Mensais com o Contabilista Traduzido**

Onde o contabilista traduz relatórios com linguagem gráfica, focando nas perguntas:

- Estamos crescendo?
- Estamos gerando lucro?
- Onde estão os riscos?
- Como proteger o caixa?
- Como evitar pagar mais impostos?

Como Aplicar a Contabilidade Estratégica na Prática

Etapa	Acção do Empreendedor	Ferramenta Sugerida
1. Alfabetização Contabilística	Aprender a ler 3 relatórios básicos	Curso de 4 horas ou consultoria
2. Reunião com contador	Solicitar explicação mensal com foco na decisão	Agenda estratégica com perguntas-chave
3. Mapear custos reais	Levantar CPV, despesas fixas e variáveis	Planilha visual de margens
4. Monitorar indicadores	Acompanhar 3–5 KPIs de resultado e liquidez	Dashboard físico/digital
5. Integrar à estratégia	Usar números para definir preços, promoções, expansão	Canvas de estratégia contábil

Visão de Futuro Empreendária

A contabilidade do futuro será:

- **Visual, integrada e acessível a todos os empreendedores**, mesmo os que nunca estudaram finanças;
- Suporte à **inteligência artificial e algoritmos preditivos** de gestão;
- Factor de **confiança pública, atratividade a investidores e sustentabilidade institucional.**

A **contabilidade empreendária** será o idioma universal dos negócios competitivos, e o empresário que não souber minimamente interpretá-la estará gerindo às cegas em um mercado cada vez mais auditável, digital e volátil.

Capitulo 42 - Pilares da Gestão Financeira e os Documentos Contabilísticos Fundamentais

Pilares da Gestão Financeira e os Documentos Contabilísticos Fundamentais

O alicerce numérico da tomada de decisão empresarial inteligente

Para a **Empreendária**, a Gestão Financeira é o processo sistemático de organização, leitura, interpretação e decisão sobre recursos financeiros, baseado em indicadores, relatórios contábeis e projeções realistas.

E os Documentos Contabilísticos Fundamentais são os instrumentos oficiais que traduzem a realidade econômica e financeira do negócio em linguagem técnica padronizada, garantindo não apenas a conformidade legal, mas sobretudo a governança, o controle e a escalabilidade da empresa.

Os 4 Pilares da Gestão Financeira Empreendária

Pilar	Objectivo Estratégico	Ferramentas de Apoio
1. Planeamento e Orçamento	Antecipar receitas, custos, investimentos e riscos	Orçamento anual, DRE projetada
2. Controle e Monitoramento	Acompanhar e ajustar os desvios de execução	Fluxo de caixa, dashboard de indicadores
3. Análise e Tomada de Decisão	Avaliar dados para decidir com base em evidência	Análise de balanço, KPIs financeiros
4. Conformidade e Governança	Cumprir normas legais, fiscais e de boas práticas	Escrituração contábil, relatórios oficiais

Capitulo 43 - Documentos Contabilísticos Fundamentais

Documentos Contabilísticos Fundamentais

(Padronizados nos países de língua portuguesa – Portugal, Brasil, Angola, Moçambique, etc.)

A seguir, os documentos mais relevantes, sua função e aplicação estratégica:

Documento	Descrição Técnica	Aplicação Prática para o Gestor
Balanço Patrimonial	Demonstra a posição financeira da empresa em um dado momento (Ativo, Passivo, Patrimônio Líquido).	Avaliar solvência, estrutura de capital e investimentos.
Demonstração de Resultados (DRE)	Relatório de desempenho que resume receitas, custos e lucros num período.	Entender se a empresa é rentável ou deficitária.
Demonstração de Fluxos de Caixa	Aponta entradas e saídas reais de dinheiro, divididas por atividades.	Controlar liquidez e capacidade de pagar compromissos.

Documento	Descrição Técnica	Aplicação Prática para o Gestor
Balancete de Verificação	Apresenta todos os saldos das contas contábeis agrupados.	Base para análises internas e planejamento fiscal.
Razão Contabilístico (Livro Razão)	Registro cronológico e detalhado das movimentações por conta.	Rastreabilidade e auditoria.
Diário Contábil (Livro Diário)	Registro diário de todas as operações financeiras e contábeis.	Obrigatório por lei para registro das operações.
Declarações Fiscais	Documentos enviados à autoridade tributária conforme legislação local.	Evitar multas e manter regularidade fiscal.
Mapa de Depreciação	Demonstra o valor depreciado de ativos ao longo do tempo.	Base para cálculo de valor real dos ativos.

Regras e Normas de Referência (Países Lusófonos)

País	Normas Contabilísticas Adotadas
Brasil	NBCs (Normas Brasileiras de Contabilidade), alinhadas ao IFRS
Portugal	SNC (Sistema de Normalização Contabilística – baseado no IFRS)
Angola	PGC (Plano Geral de Contabilidade) + IFRS para grandes empresas
Moçambique	Normas do Plano Geral de Contabilidade (PGC-MOZ)

Quadro-Resumo Didático: Conexão entre Pilar e Documento

Pilar da Gestão Financeira	Documento Contábilisticos Fundamentado	Objectivo Tático
Planejamento e Orçamento	DRE Projectada, Fluxo de Caixa Pro Forma	Antecipar ganhos e perdas
Controle e Monitoramento	Fluxo de Caixa, Balancete	Medir o que está acontecendo em tempo real
Análise e Decisão Estratégica	Balanço, DRE, Mapa de Depreciação	Decidir com base em fatos e não achismos
Conformidade e Legalidade	Diário, Razão, Declarações Fiscais	Evitar sanções e manter a empresa regularizada

Como Implementar os Pilares na Prática – Passo a Passo

Etapa	Acção Empreendária Prática	Ferramenta
Diagnóstico Inicial	Levantar todos os documentos disponíveis com o contador	Checklist de Compliance
Educação Financeira	Treinamento básico dos gestores em leitura contábil	Curso rápido ou consultoria
Implantação de Relatórios	Implantar leitura mensal de DRE, Balanço e Fluxo de Caixa	Dashboard visual
Indicadores Estratégicos	Estabelecer KPIs baseados em documentos	Margem líquida, EBITDA, Ponto de Equilíbrio
Reunião com Dados	Tomar decisões com base em evidências numéricas	Pauta financeira gerencial

Pensamento da Gestão Empreendária

"O empresário que não entende o mínimo de seus relatórios financeiros está gerindo no escuro.

A empresa só cresce de forma sustentável quando **os números orientam a estratégia, e não quando os papéis são usados apenas para o fisco."

Visão de Futuro Empreendária

A Gestão Financeira do futuro será:

- **100% digital e visual** – dashboards substituem relatórios impressos;
- **Automatizada por IA contabilística** que detecta riscos, oportunidades e fraudes;
- **Integrada à estratégia de marca, cultura e crescimento** – os relatórios não ficarão mais restritos ao contador.

Os pilares da gestão financeira e os documentos contabilísticos não são papelada: são os sensores vitais do corpo da empresa.

Quando interpretados corretamente, oferecem clareza, prevenção,decisão,e,poder,competitivo.

A Gestão Empreendária é aquela que transforma números em inteligência e inteligência em ação.

Capitulo 44 - A Contabilidade como Instrumento de Gestão e Não Apenas Obrigação Legal

A Contabilidade como Instrumento de Gestão e Não Apenas Obrigação Legal

Transformando números em inteligência de negócio, não apenas em conformidade fiscal.

Para a **Gestão Empreendária**, a **Contabilidade** deve ser compreendida como **um sistema integrado de apoio à decisão estratégica**, e não meramente como um repositório de registros fiscais.

A contabilidade empreendária é **activa, visual, interpretativa e orientada à performance**, sendo uma das principais **fontes de inteligência competitiva e sustentabilidade organizacional**.

Problema Central

Muitos gestores e empresários ainda encaram a contabilidade como:

- Um **custo inevitável** apenas para "não ter problemas com o fisco";
- Uma **função burocrática isolada**, restrita ao contador;
- Uma **linguagem hermética e desinteressante**.

A **Gestão Empreendária** rompe com essa visão reducionista e propõe uma contabilidade estratégica, gerencial e interativa, acessível e compreensível para qualquer líder.

Objectivo da Contabilidade na Gestão Empreendária

Função Contabilística	Releitura Empreendária
Registrar fatos contábeis	Transformar registros em linhas de tendência estratégica
Apurar impostos e cumprir leis	Utilizar indicadores fiscais como ferramentas de prevenção
Gerar relatórios contábeis oficiais	Interpretar relatórios como mapas de risco e performance
Prestar contas a sócios e Estado	Comunicar com transparência e confiabilidade gerencial

Princípios da Contabilidade Estratégica segundo a Empreendária

1. Finalidade gerencial antes da obrigação fiscal
2. Integração com a estratégia, orçamento e planejamento
3. Leitura simplificada e visual para não contadores
4. Conexão direta com indicadores e metas da empresa
5. Actualização contínua conforme contexto e crescimento

Documentos Contabilísticos Fundamentais para a Gestão (Países Lusófonos)

Documento	Finalidade na Gestão Empreendária	Países de referência
Balanço Patrimonial	Avaliar estrutura de capital, endividamento e capacidade de reinvestimento	Brasil, Portugal, Angola, Moçambique
Demonstração de Resultados (DRE)	Analisar rentabilidade, desempenho e margem operacional	Brasil, Portugal, Angola, Moçambique
Fluxo de Caixa	Entender liquidez, capacidade de pagamento e sazonalidade de entradas/saídas	Global
Razão e Diário Contabilístico	Analisar granularmente as contas e cruzar dados com metas e indicadores	Obrigatórios legalmente nos países lusófonos
Demonstrações Intercalares	Acompanhar performance em períodos mais curtos (mensal/trimestral)	Empresas médias e grandes

Mapas de Depreciação e Amortização	Analisar valor real dos ativos e seu impacto no lucro operacional	Todas as jurisdições
Notas Explicativas	Compreender detalhes contábeis importantes para decisões de gestão	Empresas com maior transparência exigida

Capitulo 45 - Contabilidade Gerencial x Contabilidade Fiscal

Contabilidade Gerencial x Contabilidade Fiscal

Aspecto	Contabilidade Fiscal	Contabilidade Gerencial (Empreendária)
Finalidade	Cumprir obrigações legais e fiscais	Apoiar decisões estratégicas
Usuário Principal	Governo, Receita Federal, auditoria externa	Gestores, sócios, investidores, diretoria
Periodicidade	Anual, trimestral, conforme exigência legal	Mensal, semanal, contínua
Visão	Retrospectiva (o que já aconteceu)	Prospectiva (o que está por acontecer)
Forma de Apresentação	Técnica, jurídica, formatada por norma	Visual, interpretativa, baseada em KPIs
Linguagem	Contábil formal	Adaptada ao gestor (painéis, resumos, gráficos)
Ferramentas	SPED, ECD, IES, SAFT	Dashboard, BI contábil, análise vertical

Capitulo 46 - Como Transformar a Contabilidade em Ferramenta de Gestão

Como Transformar a Contabilidade em Ferramenta de Gestão

Etapas Empreendárias

Etapa	Acção Concreta	Ferramenta Aplicável
1. Diagnóstico Inicial	Avaliar se a contabilidade atual gera valor para gestão	Checklist de valor contábil
2. Reunião Contador-Gestor	Alinhar linguagem, relatórios e Objectivos estratégicos	Pauta mensal de gestão contábil
3. Painel Visual Mensal	Criar dashboard de indicadores contábeis relevantes	Power BI, Excel, ERP
4. Treinamento Gerencial	Capacitar líderes a interpretar DRE, Balanço e Fluxo de Caixa	Workshop prático, curso online
5. Tomada de Decisão Baseada em Dados	Utilizar relatórios como base para projeções	Ferramentas de projeção financeira

Exemplos Práticos de uso Gerencial

Decisão a Tomar	Documento Usado	Pergunta Estratégica
Expandir ou não uma filial	DRE, Fluxo de Caixa, Balanço	Há capital próprio suficiente? Lucro recorrente?
Reduzir ou manter uma equipe	DRE, Projeções, Análise de Margem	Essa equipe está gerando retorno operacional?
Investir em novo equipamento	Mapa de Depreciação, DRE, Fluxo de Caixa	O equipamento atual ainda gera valor? Há liquidez?
Reduzir carga tributária	Análise fiscal e tributária	Há regimes fiscais mais eficientes aplicáveis?
Aumentar preço de produto ou serviço	Margem de contribuição (derivada da DRE)	Qual o impacto no lucro e no volume de vendas?

Sistema Integrado de Tomada de Decisão Empresarial

1. MODELO GERAL DE DECISÃO

Fórmula Padrão de Decisão (FPD)
Decisão = (Indicador Económico ≥ Critério Mínimo) +
(Liquidez Adequada) +
(Risco Controlado)

Interpretação:

Uma decisão empresarial só deve ser aprovada quando:
O indicador económico for favorável
A empresa possuir liquidez suficiente
O risco estiver dentro da capacidade financeira da organização
Se um dos três pilares falhar → a decisão deve ser reavaliada.

Capitulo 47 - Decisões Estratégica e Sua Fórmulas

Decisões Estratégica e Sua Fórmulas

2.1 EXPANDIR OU NÃO UMA FILIAL

Documentos Utilizados

DRE

Fluxo de Caixa

Balanço Patrimonial

Indicadores Técnicos

1. Capital Próprio Disponível

$$\textbf{Capital Próprio Disponível} = \textbf{Património Líquido} - \textbf{Capital de Giro Necessário}$$

2. Lucro Recorrente

$$\textbf{Lucro Recorrente} = \textbf{Lucro Líquido} - \textbf{Receitas Não Operacionais}$$

3. Índice de Segurança Financeira (ISF)

$$ISF = \frac{Capital\ Próprio\ Disponível}{Investimento\ Necessário}$$

Critérios de Aprovação

ISF ≥ 1

Lucro recorrente positivo nos últimos 12 meses

Fluxo de caixa operacional positivo

Exercício Prático

Património Líquido = 500.000
Capital de Giro Necessário = 200.000
Investimento da nova filial = 250.000
Lucro Líquido = 120.000
Receitas não operacionais = 20.000
Cálculo:
Capital Próprio Disponível = 500.000 – 200.000 = 300.000
Lucro Recorrente = 120.000 – 20.000 = 100.000
ISF = 300.000 / 250.000 = 1,2

Há capital próprio suficiente e lucro recorrente.

Decisão: Expandir.

2.2 REDUZIR OU MANTER UMA EQUIPA

DRE
Projecções
Análise de Margem

Indicador Principal
Retorno Operacional da Equipa (RO)

$$RO_{Equipa} = \frac{Margem\ de\ Contribuição\ Gerada}{Custo\ Total\ da\ Equipa}$$

Critérios

- RO ≥ 1,3 → Manter
- RO entre 1 e 1,3 → Optimizar
- RO < 1 → Reduzir

Exercício Prático

Margem gerada pela equipa = 400.000
Custo total da equipa = 320.000
RO = 400.000 / 320.000 = 1,25

A equipa gera retorno, mas abaixo do ideal.

Decisão: Optimizar estrutura e produtividade.

2.3 INVESTIR EM NOVO EQUIPAMENTO

- Mapa de Depreciação
- DRE
- Fluxo de Caixa

Indicadores

1. Valor Económico do Equipamento Actual

$$\boldsymbol{VEA = Fluxo\ de\ Caixa\ Gerado - Custo\ Operacional}$$

Se o VEA estiver em queda significativa, há perda de eficiência.

2. Payback Simples

$$Payback = \frac{Investimento}{Ganho\ Anual\ Incremental}$$

Critérios

Payback ≤ 3 anos
Fluxo de caixa livre positivo
Queda de produtividade superior a 20%

Exercício Prático

Investimento = 300.000
Ganho anual incremental = 120.000
Payback = 300.000 / 120.000 = 2,5 anos
Recuperação do investimento em prazo aceitável.
Decisão: Investir.

Capitulo 48 - Reduzir Carga Tributária

Decisões Estratégica e Sua Fórmulas

- Análise Fiscal e Tributária

Indicadores
Economia Tributária

$$Economia = Imposto\ Actual - Imposto\ no\ Novo\ Regime$$

Índice de Eficiência Tributária (IET)

$$IET = \frac{Economia}{Custo\ de\ Migração}$$

Critérios
Economia superior a 10% da carga actual
IET ≥ 2

Exercício Prático
Imposto actual = 200.000
Novo regime = 150.000
Custo de migração = 15.000
Economia = 50.000
IET = 50.000 / 15.000 = 3,33

Há ganho fiscal relevante.
Decisão: Migrar regime.

Capitulo 49 - Aumentar Preço Do Produto ou Serviço

Aumentar Preço Do Produto ou Serviço

- Margem de Contribuição (derivada da DRE)

Indicadores
Margem de Contribuição

$$\boldsymbol{MC = Preço - Custo\ Variável}$$

Lucro Projectado

$$Lucro = (MC \times Volume) - Custos\ Fixos$$

Exercício Prático
Preço actual = 100
Custo variável = 60
Volume actual = 10.000
Custos fixos = 200.000
MC actual = 40
Lucro actual = (40 × 10.000) – 200.000 = 200.000
Novo preço = 110
Nova MC = 50
Volume reduz 5% → 9.500
Novo lucro = (50 × 9.500) – 200.000
= 475.000 – 200.000
= 275.000
Lucro aumenta 75.000 mesmo com redução de volume.
Decisão: Aumentar preço.

Quadro Executivo Resumido

Decisão	Indicador	Fórmula	Aprovar se
Expandir filial	**ISF**	**Capital Disponível / Investimento**	≥ 1
Manter equipa	**RO**	**Margem / Custo**	≥ 1,3
Investir equipamento	**Payback**	**Investimento / Ganho**	≤ 3 anos
Reduzir imposto	**IET**	**Economia / Custo**	≥ 2
Aumentar preço	**Lucro Projectado**	**MC × Volume**	Lucro superior

Capitulo 50 - Principio Fundamental Da Decisão Gerencial

Principio Fundamental Da Decisão Gerencial

Toda decisão deve responder a três perguntas essenciais:

Gera lucro recorrente?
Mantém liquidez saudável?
Aumenta o valor económico da empresa?

Pensamento da Gestão Empreendária

"Não existe gestão inteligente sem contabilidade estratégica"

"O bom gestor não apenas 'tem um contabilista', mas dialoga com os números e interpreta cada relatório como um mapa de valor."

"A contabilidade só se torna um activo estratégico quando deixa de ser interpretada apenas pelo técnico e passa a ser compreendida,pelo,líder."

"A Gestão Empreendária defende que a alfabetização financeira gerencial é condição básica para escalar empresas, preservar valor e crescer com sustentabilidade."

Capitulo 51 - Impostos, Obrigações E Planeamento Fiscal Inteligente

Impostos, Obrigações E Planeamento Fiscal Inteligente

"Imposto não é inimigo. Falta de planeamento é o problema."

1. Obrigações Fiscais
Empresa deve conhecer:

- Regime fiscal
- IVA
- Imposto Industrial
- IRT
- Prazos legais

2. Multas
Penalização financeira por incumprimento.

3. Juros

No contexto fiscal, juros são valores cobrados pelo Estado como compensação pelo atraso no pagamento de impostos ou outras obrigações tributárias.

Representam uma penalização financeira pelo uso indevido ou retenção temporária de recursos que pertencem ao Estado.

Em termos simples:

Juros fiscais são o custo pelo atraso no cumprimento das obrigações tributárias.

Juros = Valor em dívida × Taxa × Tempo

Dívida: 1.000.000 Kz
Taxa: 2% ao mês
3 meses
Juros = 60.000 Kz

Toda empresa ou contribuinte tem deveres perante o Estado, como:

- Pagamento de impostos
- Entrega de declarações fiscais
- Retenção e entrega de impostos de terceiros

Quando essas obrigações não são cumpridas dentro do prazo legal, surgem encargos adicionais.

4. Penalizações

Penalizações são sanções aplicadas pelo Estado ao contribuinte que viola normas tributárias, seja por atraso, omissão, erro ou incumprimento das obrigações fiscais.

Diferentemente dos juros (que têm natureza compensatória), as penalizações têm carácter punitivo e disciplinador.

De forma simples:

Penalizações são consequências legais aplicadas pelo Estado pelo não cumprimento das obrigações fiscais.

Podem incluir:

- Suspensão de actividade
- Impedimento de contratar com o Estado
- Penalizações administrativas

5. Bloqueio de Contas

Bloqueio de contas é uma medida coerciva aplicada pelas autoridades competentes que consiste na restrição temporária da movimentação de valores existentes em contas bancárias de um contribuinte, com o objectivo de garantir o pagamento de dívidas tributárias ou o cumprimento de obrigações legais.

De forma simples:

Bloqueio de contas é a limitação do acesso ao dinheiro depositado no banco por determinação legal, geralmente devido a incumprimento fiscal.

Pode ocorrer por:
Dívida fiscal elevada
Ordem judicial
Incumprimento grave
Consequência: empresa paralisa.

6. Documentação Essencial

1. Facturas de Compra
2. Comprovam despesas e permitem dedução fiscal.
3. Facturas de Venda
4. Comprovam receitas e obrigam liquidação de impostos.
5. Recibos
6. Comprovam pagamento efectivo.
7. Contratos
8. Protecção jurídica e prova em fiscalização.

7. Declarações Fiscais

Declarações fiscais são documentos formais que o contribuinte (empresa ou pessoa singular) entrega à administração tributária para informar rendimentos, operações realizadas, impostos apurados e valores a pagar ou a recuperar.

De forma simples:

Declarações fiscais são instrumentos legais através dos quais o contribuinte presta contas ao Estado sobre a sua actividade económica e situação tributária.

Toda empresa tem dois grandes deveres fiscais:

Declarar – informar correctamente as suas operações.
Pagar – liquidar o imposto devido dentro do prazo legal.

Mesmo que não haja imposto a pagar, a obrigação declarativa pode existir.

Declarações Fiscais na Vida da Empresa

As declarações fiscais fazem parte da rotina empresarial e influenciam directamente:

1. Organização Contabilística

A empresa precisa de:

Contabilidade actualizada
Registos correctos
Documentação organizada

Sem isso, não é possível declarar correctamente.

2. **Planeamento Financeiro**

As declarações permitem prever:
Valores de imposto a pagar
Obrigações futuras
Impacto no fluxo de caixa

3. Transparência e Credibilidade

Empresas com declarações regulares e correctas:
Evitam multas e penalizações
Facilitam auditorias
Melhoram a relação com bancos e investidores

Tipos de Declarações Fiscais

Podem incluir, entre outras:
Declaração de imposto sobre o rendimento
Declaração de imposto sobre o consumo
Declaração de retenções na fonte
Declarações periódicas de IVA (quando aplicável)
Mapas de contribuições sociais

Cada uma tem prazo e regras específicas definidos por lei.
Devem ser submetidas dentro do prazo legal.

Atraso gera:
Multas
Juros
Penalizações

Capitulo 52 - Planeamento Tributário E Regimes Fiscais

Planeamento Tributário E Regimes Fiscais

Planeamento Tributário é o conjunto de estratégias legais adoptadas pela empresa para reduzir, adiar ou optimizar a carga tributária, respeitando integralmente a legislação fiscal vigente.

Não se confunde com evasão fiscal. Planeamento Tributário é gestão inteligente do imposto dentro da lei.

Regimes Fiscais são os enquadramentos legais que determinam:

- Forma de apuramento do imposto
- Base de incidência
- Taxas aplicáveis
- Obrigações declarativas
- Periodicidade de pagamento

Nos países de língua portuguesa (**Angola, Brasil, Portugal, Moçambique, Cabo Verde, Guiné-Bissau, São Tomé e Príncipe, Timor-Leste)**

os regimes geralmente dividem-se em:

- Regime Geral (Lucro Real ou Contabilidade Organizada)
- Regime Simplificado
- Regime Especial para Micro e Pequenas Empresas
- Regimes sectoriais específicos

Objectivo Do Planeamento Tributário

O Planeamento Tributário visa:

- Minimizar legalmente a carga fiscal
- Melhorar o fluxo de caixa
- Reduzir riscos fiscais
- Aumentar a rentabilidade líquida
- Garantir conformidade regulatória

Fórmula Geral Do Planeamento Tributário (FPT)

$$FPT = (CT_{Actual} - CT_{Optimizado}) - Custo\ de\ Implementação$$

Onde:

CT = Carga Tributária Total

Índice de Eficiência do Planeamento Tributário (IEPT)

$$IEPT = \frac{Economia\ Tributária\ Líquida}{Carga\ Tributária\ Actual}$$

Critérios:

IEPT ≥ 10% → Planeamento eficiente
IEPT entre 5% e 10% → Optimização moderada
IEPT < 5% → Baixo impacto

Capitulo 53 - Como Deve Ser Feito O Planeamento Tributário

Como Deve Ser Feito O Planeamento Tributário

ETAPA 1 - Diagnóstico Fiscal
Levantamento de todos os impostos pagos
Análise da base tributável
Identificação de créditos fiscais
Verificação de benefícios aplicáveis

ETAPA 2 - Simulação de Regimes

Simular:
Regime Geral
Regime Simplificado
Regimes Especiais
Benefícios sectoriais

ETAPA 3 - Análise de Risco Fiscal

Avaliar:
Risco de autuação
Complexidade operacional
Custos administrativos

ETAPA 4 – Implementação
Ajuste contabilístico
Actualização contratual
Comunicação à Administração Tributária

ETAPA 5 – Monitorização
Revisão trimestral
Auditoria interna fiscal
Revisão de alterações legislativas

Métodos E Técnicas
Diferimento fiscal (adiar pagamento legalmente)
Compensação de prejuízos fiscais
Aproveitamento de incentivos sectoriais
Planeamento societário (reorganização empresarial)
Gestão estratégica de custos dedutíveis
Optimização da estrutura de capital

Ferramentas Utilizadas
DRE Fiscal
Mapa de Apuramento de Imposto
Software ERP
Calendário Fiscal
Simuladores tributários
Auditoria fiscal preventiva
Compliance digital

Cálculo Da Carga Tributária Total

$$\text{Carga Tributária Total} = \sum(\text{Impostos Directos} + \text{Impostos Indirectos} + \text{Contribuições})$$

Desenho Do Calendário Tributário

Um calendário tributário deve conter:

- Datas de pagamento
- Datas de declaração
- Obrigações acessórias
- Revisões trimestrais
- Auditorias internas

Estrutura Recomendada:
Mensal:

IVA / Imposto sobre consumo
Retenções na fonte

Trimestral:
Pagamentos por conta
Revisão de lucro estimado

Anual:

Declaração anual
Relatório fiscal

Estudo De Caso 1 – Planeamento Tributário

Empresa industrial paga:
Imposto actual: 5.000.000
Após reorganização fiscal: 4.200.000
Custo de implementação: 200.000
Economia Bruta = 800.000
Economia Líquida = 800.000 – 200.000 = 600.000
IEPT = 600.000 / 5.000.000 = 12%
Conclusão: Planeamento altamente eficiente.

Estudo De Caso 2 - Regimes Fiscais

Empresa comercial:

Regime Geral: Imposto = 1.200.000
Regime Simplificado: Imposto = 900.000
Custo adicional de controlo no regime geral: 150.000
Economia = 300.000
IET = 300.000 / 1.200.000 = 25%
Conclusão: Regime Simplificado mais vantajoso.

Interpretação Estratégica

Um bom Planeamento Tributário deve:

Reduzir imposto sem aumentar risco
Manter liquidez
Não comprometer reputação empresarial
Ser sustentável a médio e longo prazo

Capitulo 54 - Inovação E Futuro Do Planeamento Tributário

Inovação E Futuro Do Planeamento Tributário

Tendências futuras nos países de língua portuguesa:
Digitalização fiscal
Facturação electrónica obrigatória
Cruzamento automático de dados
Inteligência artificial na fiscalização
Tributação ambiental
ESG fiscal
Compliance automatizado
Blockchain para registo tributário

Principio Estratégico Final

O Planeamento Tributário moderno deve equilibrar:
Eficiência Fiscal + Conformidade Legal + Sustentabilidade Empresarial

Fórmula Integrada De Decisão Fiscal

$$\begin{aligned} &\textit{Decisão Fiscal} \\ &= (\textit{Economia Líquida} \geq 10\%) \\ &+ (\textit{Risco Fiscal Baixo}) \\ &+ (\textit{Impacto Positivo no Fluxo de Caixa}) \end{aligned}$$

Se os três factores forem positivos → Implementar.

Planeamento Tributário e Regimes Fiscais não são apenas instrumentos de redução de imposto, mas ferramentas estratégicas de competitividade empresarial.

Empresas que dominam o planeamento fiscal:

- Aumentam lucro líquido
- Melhoram fluxo de caixa
- Reduzem risco regulatório
- Ganham vantagem competitiva

Capitulo 55 – Controlo Patrimonal, Depreciação E Avaliação De Activos

Controlo Patrimonal, Depreciação E Avaliação De Activos

Controlo Patrimonial é o conjunto de procedimentos administrativos, contabilísticos e financeiros destinados a:

- **Registar**
- **Acompanhar**
- **Proteger**
- **Avaliar**
- **Optimizar**

os activos da empresa ao longo da sua vida útil.
Activo é todo bem ou direito que gera benefício económico futuro.

Classificação Dos Activos

Activos Correntes
Caixa
Bancos
Clientes
Estoques
Activos Não Correntes
Imobilizado (máquinas, edifícios, viaturas)
Intangíveis (software, marcas)
Investimentos

Objectivos Do Controlo Patrimonal
Evitar perdas e desvios
Garantir correcta depreciação
Assegurar valorização adequada
Apoiar decisões de investimento
Cumprir exigências fiscais

Depreciação
Depreciação é a alocação sistemática do custo de um activo ao longo da sua vida útil.
Não representa saída de caixa, mas afecta o lucro contabilístico e o imposto.

Fórmula da Depreciação Linear

$$Depreciação\ Anual = \frac{Valor\ de\ Aquisição - Valor\ Residual}{Vida\ Útil}$$

Métodos de Depreciação
Linear
Saldo Decrescente
Unidades Produzidas
Acelerada (quando permitido fiscalmente)

Estudo de Caso - Depreciação
Máquina adquirida por 1.000.000
Valor residual = 100.000
Vida útil = 5 anos

$$\textbf{Depreciação} = \frac{\mathbf{1.000.000 - 100.000}}{\mathbf{5}} = \mathbf{180.000/ano}$$

Impacto:
Reduz lucro tributável
Gera economia fiscal

Avaliação De Activos

Métodos de Avaliação

Custo Histórico
Valor Justo
Valor Recuperável
Valor de Mercado
Fluxo de Caixa Descontado

Fórmula do Valor Recuperável

$$\text{Valor Recuperável} = \text{Maior entre (Valor Justo} - \text{Custos de Venda)} \quad \text{e} \quad \text{Valor em Uso}$$

Teste de Imparidade

Se:

$$\textbf{Valor Contabilístico} > \textbf{Valor Recuperável}$$

Há perda por imparidade.

Fórmula De Eficiência Patrimonial

$$\textbf{Índice de Rentabilidade do Activo} = \frac{\textbf{Lucro Operacional}}{\textbf{Activo Total}}$$

Se o índice estiver em queda → activos pouco produtivos.

Decisão Patrimonial

$$\text{Decisão de Manutenção} = (\text{Rentabilidade} \geq \text{Custo de Capital})$$

Se a rentabilidade do activo for inferior ao custo de capital → considerar alienação ou substituição.

Calendário De Controlo Patrimonial

Mensal:
Conferência de registos

Trimestral:
Inventário físico parcial
Anual:
Inventário geral
Teste de imparidade
Revisão de vida útil

Gestão patrimonial eficiente:

- Aumenta controlo
- Reduz risco
- Optimiza imposto
- Apoia decisões estratégicas

Capitulo 56 - Previsões Financeiras, Análise De Indicadores E Decisões Baseadas Em Números

Previsões Financeiras, Análise De Indicadores E Decisões Baseadas Em Números

Previsão Financeira é a projecção estruturada das receitas, custos, investimentos e fluxo de caixa futuro com base em dados históricos e cenários económicos.

Tipos De Previsões
Curto prazo (até 12 meses)
Médio prazo (1–3 anos)
Longo prazo (acima de 3 anos)

Fórmula Básica De Projeção De Receitas

$$\text{Receita Futura} = \text{Receita Actual} \times (1 + \text{Taxa de Crescimento})$$

Projeção De Lucro

$$\text{Lucro Projectado} = \text{Receita Projectada} - \text{Custos Projectados}$$

Análise De Indicadores Financeiros

Indicadores de Liquidez
Liquidez Corrente:

$$\mathbf{LC} = \frac{\text{Activo Corrente}}{\text{Passivo Corrente}}$$

Ideal ≥ 1,5

Indicadores de Endividamento

$$\textbf{Endividamento} = \frac{\text{Passivo Total}}{\text{Activo Total}}$$

Ideal < 60%

Indicadores de Rentabilidade
ROE:

$$\textbf{ROE} = \frac{\text{Lucro Líquido}}{\text{Património Líquido}}$$

Indicadores de Margem

Margem Líquida:

$$\textbf{Margem} = \frac{\text{Lucro Líquido}}{\text{Receita}}$$

Modelo De Decisão Baseado Em Indicadores

$$\text{Decisão} = (\text{Rentabilidade } \uparrow) + (\text{Liquidez } \geq \text{ Ideal}) + (\text{Endividamento Controlado})$$

Estudo De Caso – Previsão Financeira

Receita actual = 10.000.000
Crescimento estimado = 10%
Receita futura = 10.000.000 × 1,10 = 11.000.000
Custos projectados = 8.500.000

Lucro projectado = 2.500.000
Se liquidez e endividamento estiverem equilibrados → decisão de expansão viável.

Métodos Avançados
Análise de Cenários (optimista, realista, pessimista)
Ponto de Equilíbrio
VPL (Valor Presente Líquido)
TIR (Taxa Interna de Rentabilidade)
EVA (Valor Económico Acrescentado)

Fórmula Integra De Previsão Estratégica

$$\text{Índice de Sustentabilidade Financeira} = \frac{\text{Lucro Projectado}}{\text{Investimento Total}}$$

Se ≥ custo de capital → projecto sustentável.

Futuro Das Previssões Financeiras
Inteligência Artificial
Big Data
Modelos preditivos automáticos
Business Intelligence
Contabilidade em tempo real
Análise de risco automatizada

Empresas modernas decidem com base em:
Números + Indicadores + Cenários + Controlo Patrimonial + Planeamento Tributário
Decisão empresarial sustentável não é intuição — é matemática estratégica aplicada.

Capitulo 57 - A Jornada da Empresa Empreendária

A Jornada da Empresa Empreendária

Chegámos ao final desta jornada, mas, para si e para a sua empresa, **isto é apenas o começo**. A Empreendária não é teoria; é **prática estratégica**. Ao integrar liderança, gestão e contabilidade com ética, dados e propósito, está agora preparado para transformar qualquer desafio em oportunidade.

A grande mensagem é clara: **empresas não prosperam apenas sobrevivendo; prosperam evoluindo**. O mundo mudou e exige que negócios funcionem como organismos vivos, inteligentes e regenerativos.

O DNA da Empresa do Futuro

Após percorrer todos os conceitos e ferramentas, lembre-se do núcleo da Empreendária:

1. **Tríade Empreendária** – Liderança Visionária, Gestão Adaptativa e Contabilidade Consciente.
2. **Mentalidade Empreendária** – Pensar para além da crise, agir com antifragilidade, criatividade responsável e resiliência estratégica.

3. **Pilares Fundamentais** – Inovação estratégica, liderança humanizada, contabilidade inteligente, gestão antifrágil, cultura de aprendizagem e responsabilidade socioeconómica.
4. **Funis de Vendas e Marketing Digital** – gerar resultados mensuráveis mesmo com recursos limitados.
5. **Planeamento Estratégico Adaptativo** – medir, ajustar e aprender continuamente.

A fórmula final é simples: **Propósito + Dados + Estratégia + Ação = Evolução Sustentável**.

O Desafio Empreendário

Agora é a sua vez. Pergunte-se:

- Estou preparado para **tomar decisões baseadas em dados, propósito e impacto**?
- Posso transformar crises em **território de reinvenção e crescimento**?
- A minha empresa está organizada como um **organismo vivo, adaptativo e regenerativo**?

Se a resposta é sim, então está pronto para **ser um líder empreendário**. Se a resposta é não, este livro também lhe dá os instrumentos para chegar lá.

Exercícios Práticos de Implementação

1. **Mapeie a Tríade na sua empresa**
    - Identifique líderes visionários, gestores adaptativos e responsáveis de contabilidade consciente.
    - Crie painéis mensais de visão, ação, resultados e impacto.
2. **Audite o DNA da sua empresa**
    - Avalie Ética × Regeneração, Dados × Consciência, Propósito × Intenção Evolutiva.
    - Identifique lacunas e implemente melhorias.
3. **Planeamento Estratégico Adaptativo**
    - Aplique SWOT, PESTEL, OKRs e dashboards éticos para cada trimestre.
    - Ajuste o plano com base em dados e feedback contínuo.
4. **Funil de Vendas Empreendário**
    - Defina estratégias ToFu, MoFu e BoFu.
    - Meça KPIs: conversão, CPL, ROI e ticket médio.
5. **Cultura de Aprendizagem e Delegação Inteligente**
    - Implemente ciclos de feedback de 14 dias.

- Crie espaços de empoderamento e co-criação.

Notas Finais

- A Empreendária não prepara apenas para sobreviver ao futuro. Prepara para **construí-lo, reinventá-lo e liderá-lo**.
- Cada capítulo, cada caso de estudo e cada ferramenta são **um convite à ação imediata**.
- Empresas tradicionais foram feitas para durar. Empresas empreendárias são feitas para **evoluir**. Evoluir não é opcional. É **estrutural e estratégico**.

Referências e Inspirações

Para aprofundar o pensamento e a prática empreendária:

- **Peter Drucker** – gestão e inovação
- **Simon Sinek** – liderança com propósito
- **Otto Scharmer** – Teoria U e inovação regenerativa
- **Linda Hill** – inteligência coletiva e liderança colaborativa
- **Ralph Nader** – ética e responsabilidade social
- Casos reais: **Bionera, MetalPlus, EcoVida Alimentos, Verda Biotech, Agrosenso, Inovamed, EdTech Futurare**

Mensagem Final ao Leitor

Caro leitor, fechar este livro não significa concluir a aprendizagem. Significa assumir a responsabilidade de aplicar, transformar e evoluir.

A Empreendária é uma plataforma viva, e agora é a sua vez de escrever a história da sua empresa.

Lembre-se: não sobrevive quem controla tudo; prospera quem integra, adapta e regenera.

Bem-vindo à nova era da liderança, gestão e contabilidade.

Bem-vindo à Empreendária.

www.ingramcontent.com/pod-product-compliance
Lightning Source LLC
LaVergne TN
LVHW072348011026
849160LV00021B/20
* 9 7 8 9 8 9 3 6 7 0 2 3 1 *